GÉNESIS DEL PENSAMIENTO CONSTITUCIONAL DE VENEZUELA

ASDRÚBAL AGUIAR
Profesor Titular y Doctor en Derecho de la Universidad Católica Andrés Bello
Profesor Visitante del Miami Dade College
Doctor Honoris Causa de la Universidad del Salvador de Buenos Aires
Miembro de la Real Academia Hispanoamericana
de Ciencias, Artes y Letras (Cádiz, España)

GÉNESIS DEL PENSAMIENTO CONSTITUCIONAL DE VENEZUELA

Real Academia Hispanoamericana de
Ciencias, Artes y Letras
Cádiz, España

©   Asdrúbal Aguiar
Todos los derechos reservados

Email: asdrubalaguiar@yahoo.es
Depósito Legal: DC2018000107
ISBN: 978-980-365-416-0
1ª edición, Marzo 2018

Editado por: Editorial Jurídica Venezolana
Avda. Francisco Solano López, Torre Oasis, P.B., Local 4,
Sabana Grande, Caracas, Venezuela
Apartado 17.598 – Caracas, 1015, Venezuela
Teléfono 762.25.53, 762.38.42. Fax. 763.5239
http://www.editorialjuridicavenezolana.com.ve
Email fejv@cantv.net

Impreso por: Lightning Source, an INGRAM Content company
para Editorial Jurídica Venezolana International Inc.
Panamá, República de Panamá.
Email: ejvinternational@gmail.com

Diagramación, composición y montaje
por: Mirna Pinto, en letra Times New Roman, 14
Interlineado: Exacto 15, Mancha 11,5 x 18

A Mariela, como siempre

NOTA PRELIMINAR

De distintas maneras puede ser calificada la realidad actual de Venezuela. Pero son convergentes todas al afirmar el regreso del fenómeno del militarismo, aun cuando no todas subrayen su versión más perversa e inédita. Se trata de un militarismo que medra como poder coludido con la criminalidad trasnacional contemporánea, subyugado por otro colonialismo foráneo, y dominado por algo más que el espíritu de expoliación que de la riqueza nacional le fuera característico durante los siglos XIX y XX.

Esta vez provee, deliberadamente, a la destrucción de toda institucionalidad –lo que es extraño a su tradición corporativa, forjada a lo largo del siglo XX– y a la disolución de los lazos sociales y afectivos en la población, es decir, a la fractura de la identidad nacional como sobrevenida forma de dominio.

No es del caso abundar, en lo inmediato, sobre este efecto último, pero sí cabe señalar que, destruida como se encuentra la república y rota su armazón social o hecha rompecabezas, y necesitada la nación de reconstruirse, lo más gravoso es que la idea de tal identidad ha quedado a la deriva, teñida de odios y sangre inocente. Ahora está al desnudo, en su falta de concreción moral sobrevenida.

Para simularla ya no le sirve más de sustento, siquiera, el propio militarismo o la idea del padre bueno y fuerte, dentro de cuyo odre supuestamente nace y se hace Venezuela durante algo más de una centuria. Hasta pierde tal identidad su tejido intelectual incipiente, desde cuando Hugo Chávez Frías decide imponerle a la nación –era su prédica teórica en 1999– un proyecto de reconstitución con la mirada puesta únicamente en las raíces bolivarianas (Artículos 3 y 1 de la actual Constitución).

Hoy, si acaso resta algo de esa identidad real o falseada y con desmedro de otra eventualmente oculta o subyacente, es su aspecto emocional; que se confunde con la nostalgia por el tiempo de bienestar de los mayores o el tremolar de la bandera patria como símbolo de despedida para quienes se van del país o asimismo talismán protector para quienes se quedan, huérfanos de todo anclaje con el espíritu de lo colectivo.

¿Existió este espíritu nacional y en algún momento, o fue un remedo que no alcanzó a ser tal?

Cabe, pues, una pregunta que debe encontrar pronta y necesaria respuesta entre los venezolanos que aspiren a la verdadera reconstrucción de su ser nacional y luego político, para volver a ser o pretender ser una república virtuosa: ¿Sólo tenemos como identidad a las espadas y la visión épica que de la vida ellas nos han impuesto?, con lo cual y al término, de ser afirmativa la contestación, ¿nuestra disolución corriente tendría, por lo visto, carácter terminal?

Empero, si es negativa, ¿es posible, como lo hiciesen en su momento los responsables del proyecto de destrucción social y política aún en curso, volver a las raíces de lo venezolano y controvertir la postura dominante –la militar bolivariana– para hacer evidente su fatal falacia y, en su defecto, encontrar la otra que, probablemente, late oculta desde el huracán de nuestra Independencia y se muestra en breves intersticios de nuestra historia sucesiva desapareciendo?

Venezuela, en suma, no tendrá siglo XXI si no se reconcilia con ella misma y redescubre su auténtico ser, su partida de nacimiento que, como lo creemos, habla de civilidad y virtudes republicanas, es patrimonio intelectual de lo venezolano, y es diferente del acta de adopción que forjan quienes esgrimen las leyes de la barbarie –léase del centralismo autoritario, del paternalismo, del patrimonialismo, del culto de la historia bélica, del perdón a los felones cuando son partidarios– con las que nos gobiernan a lo largo de casi dos centurias, con sus citados paréntesis o respiros, que concluyen en un rotundo fracaso. Es vital, en suma, el reencuentro con nuestra constitución originaria o primitiva.

Una referencia o punto de apoyo, para la escritura progresiva y bajo distintas circunstancias o motivaciones académicas de este libro, dedicado a desentrañar ese complejo, crucial e importantísimo tema, la encontramos en Pedro Grases, de quien afirma Arturo Uslar Pietri es el bibliófilo del que mal se puede prescindir al momento de indagar en el acervo documental de la historia recorrida por el país.

"La imprecisa fisonomía" que tiene Venezuela "para los años postreros del siglo XVII", señala, en el siglo XVIII muda en "un cuadro radicalmente distinto, pues en su gente, en sus instituciones, en sus obras y en sus manifestaciones de cultura, nos hallamos ya con los elementos constitutivos de nuestro gentilicio; en tal forma que el pensamiento de sus escritores, su modo de vivir y la gesta que llevarán a término en el primer tercio del siglo XIX, tienen el sello inconfundible de lo venezolano".

Los tres ensayos que forman este libro, en consecuencia, son una primera y muy breve aproximación, un simple trazado o boceto como respuesta al asunto que nos preocupa, antes descrito, agonal para los venezolanos de esta hora y en su sentido de compromiso para con las generaciones del futuro. Todos a uno hablan de la génesis de nuestro pensamiento constitucional y su clara impronta civil y democrática. Sus lecturas, como lo creemos, son clave para comprender el progresivo desenvolvimiento de los trazos morales que buscan definir nuestra auténtica nacionalidad; esa que estamos obligados a rescatar como patrimonio intelectual perdurable.

Sólo así, no de otro modo, cabra realizar una lectura crítica y objetiva del presente, para mejor digerirlo, con vistas a la forja de un porvenir que pueda calzar dentro del molde de esa república de virtudes que alguna vez fuimos, al menos en exordio.

Miami Dade College
22 de enero de 2018

PRÓLOGO

Apenas hace cuatro años presenté al Dr. Asdrúbal Aguiar con motivo de su ingreso en la Real Academia Hispano Americana de Ciencias, Artes y Letras, en calidad de académico correspondiente de la misma. Ello me permitió conocer a fondo el currículo del autor de esta obra. Dos cosas me llamaron entonces especialmente la atención: su activa participación en la vida pública y, unido de manera inseparable a ella, su amor a su nación, Venezuela. Sus capacidades intelectuales me eran mejor conocidas, gracias a sus numerosas publicaciones y a su participación en los encuentros de Cádiz que precedieron a la conmemoración del bicentenario de la constitución de 1812. Pude comprobar, asimismo, y luego verificarlo en nuestros correos y conversaciones posteriores, su dolor por lo que, desde finales de los años noventa, venía sucediendo en su país. Durante los anteriores a la llegada de Chávez en 1998 al poder, el Dr. Aguiar había venido ocupando cargos políticos importantes como Gobernador y, sobre todo, Ministro, coincidiendo con la presidencia de Rafael Caldera.

El libro que me cabe ahora el honor de prologar participa a mí entender de la misma vocación y preocupación que muchos de los anteriores trabajos de su autor: Venezuela como centro y la pérdida de la democracia en el país. Sin embargo, lejos de quedarse en la mera queja por esta desgraciada situación o de agotar sus esfuerzos en simples palabras que se lleva el viento, Asdrúbal Aguiar ha querido bucear en las causas que han conducido a ella, en el estudio de sus resortes, poniendo su esperanza, como es en él frecuente, en un futuro abierto a nuevas posibilidades. ¿Cuáles? Sin duda aquellas que habrán de converger en el regreso a una sana y eficiente democracia, capaz de alejar definitivamente esa tentación, tantas veces presente en Venezuela, de instaurar lo que el autor llama una fórmula "militar bolivariana".

Para contribuir a este proyecto, en el que lleva empeñado desde hace años, nada mejor que asumir la tarea del intelectual que tanto ha cultivado y tan querida le es: reflexionar sobre la realidad presente y pasada, redescubrir viejos textos y lanzarse, en su concreta función de historiador y jurista, a explicar lo que fue, lo que pasó y no pasó y recrear asimismo el presente con lo mejor de la tradición. Tales son, a mi entender, los objetivos que se ha impuesto a sí mismo el autor, por supuesto en la obra que prologo. Pero veamos cómo lo ha llevado a cabo.

El libro es en realidad un compendio de tres ensayos separados, y sin embargo unidos por una común temática y por un mismo hilo conductor que los ensambla y da sentido. Si en el primero, a través de la figura y la obra de Pedro Grases (+2005), se fija fundamentalmente en esa Ilustración primeriza que hizo posible la independencia de lo que más tarde sería Venezuela, así como en la especificidad y aportaciones de algunos de sus miembros principales (Miranda, por supuesto, pero también Sanz, Roscio y Bello); en el segundo analiza y comenta con detalle la concreción más brillante de esa Ilustración venezolana: la temprana Constitución de 1811. Por último, en el tercer ensayo, además de volver sobre los paralelismos entre dicho texto y la Constitución gaditana de 1812 (muy acertada resulta la comparación entre Miranda y Argüelles), ahonda en el enraizamiento de este primer constitucionalismo venezolano en la tradición hispana común, de manera particular en las "leyes primitivas españolas" o "la constitución primitiva de España", al igual que en la Escolástica de origen medieval. A mí, sin menoscabo en absoluto de las partes anteriores, en tanto que historiador de la Modernidad hispana, me ha sido especialmente sugerente esta última. Como también la participación del republicano Picornell, más conocido entre nosotros por su participación en la Conspiración de San Blas, en los preliminares del proceso secesionista.

Pero, como más arriba he expresado, en los tres estudios que componen este libro, se descubren al menos uno o varios hilos conductores de la trama. En primer lugar, la demostración de la existencia de una Ilustración de calidad en Venezuela (en lo que luego devendrá este país), a finales del siglo XVIII y principios del XIX, constituida por nombres de relieve en la historia patria, intelectualmente formados, entre otros centros de estudio superiores, en la Real y Pontificia Universidad de Santa Rosa. A la vista de este hecho, convendrá advertir el profundo desconocimiento que de ellos (tal vez con la excepción de Miranda) se tiene en Europa, donde viene imperando la idea de que no hubo otra Ilustración que la forjada por los nombres clásicos franceses (Diderot, Montesquieu, Voltaire, Rousseau, etc.) y los británicos (Locke como preludio o Adam Smith). El propio complejo de inferioridad que padecemos de forma crónica los hispanoamericanos, y que nuestro mismo autor recuerda en alguna ocasión, nos ha llevado culpablemente a este olvido.

Por lo tanto, al existir una Ilustración cualificada, hay igualmente un surgir temprano en Venezuela del liberalismo político y, por tanto, de la democracia. No es de recibo pensar que allí, al igual que en buena parte de las naciones hispanoamericanas, no haya sino una tradición absolutista, caudillista y militarista. La democracia, en su parte teórica, viene ya caldeándose desde muy temprano, cuanto menos, en sus primeros atisbos, desde el reinado de Carlos IV.

Leídos los escritos de sus miembros, percibimos cómo esta Ilustración venezolana abarca muchos de los elementos clave que forman parte tradicionalmente del contenido del movimiento de dicho nombre: perfectibilidad de la Humanidad, valor de la enseñanza para disipar todo tipo de tinieblas cercenadoras de la razón, apuesta por la igualdad, la libertad como derecho del hombre, etc.

Estrechamente vinculado a lo anterior, Asdrúbal Aguiar insiste aquí (se lo he oído además en varias ocasiones) en la existencia de una tradición liberal-democrática de corte federal temprana, no obstante, de verse interrumpida inicialmente por las necesidades perentorias de la guerra (al decir de Bolívar) y por alguna duda coyuntural de Francisco Miranda. También aquí la relativa autonomía de las provincias y municipios de la época colonial (el autor recuerda el cabildo de Coro en 1527) venía constituyendo desde mucho tiempo atrás, antes por tanto de la formación de la nación misma, un importante banco de prueba.

Por último, el libro señala cómo gracias a la asunción de los principios ilustrados, pero también al conocimiento y práctica de la tradición foralista y del pensamiento político de la Escolástica, las constituciones primeras de Venezuela, aunque influidas por ellas en diverso grado, no fueron una mera aplicación a la realidad hispanoamericana de la norteamericana de 1787 y francesa de 1791.

En resumidas cuentas, este libro ayuda al esclarecimiento de los orígenes políticos de Venezuela en sus hombres y en sus textos programáticos a través de la fina perspicacia intelectual de su autor. Recuerda a los venezolanos su temprana vinculación, por medio de ellos, a la democracia liberal. Incluso, para nosotros los europeos, en una época como la actual, donde el debate vira en parte entre el redescubrimiento de las identidades nacionales amenazadas o perdidas, la disolución en el mar de la Unión Europea o el intento, mediante una fórmula intermedia (¿el federalismo?), de tomar lo mejor de cada uno, tarea esta sin duda nada fácil teniendo en cuenta el fuerte componente migratorio de gentes de diferentes culturas llegado a nuestro continente; el libro de mi colega y amigo Asdrúbal Aguiar presenta a mi juicio, de cara a dicha disyuntiva, una doble virtualidad. Ayuda por un lado a la reflexión sobre un tema sin duda clave, y, sobre todo, en estos tiempos de incertidumbre que vive nuestro país hermano de Venezuela, contribuye a clarificar unos orígenes constitucionalistas, ilustrados y democráticos, tantas veces olvidados o arrumbados, por considerarse erróneamente sus propuestas una fórmula inservible a la postre para organizar su convivencia.

Manuel Bustos Rodríguez
Director de la Real Academia Hispano Americana
de Ciencias, Artes y Letras
Miembro de la Academia Europæa
Catedrático de Historia Moderna de la Universidad de Cádiz

I

LOS ORÍGENES DEL PENSAMIENTO CONSTITUCIONAL VENEZOLANO, EN LAS INVESTIGACIONES DE PEDRO GRASES

> "Yo soy y seré perpetuamente acérrimo defensor de los derechos, libertades e independencia de nuestra América, cuya honrosa causa defiendo y defenderé toda mi vida, tanto porque es justa y necesaria para la salvación de sus desgraciados habitantes, como porque interesa además en el día a todo el género humanos".
>
> *F. de Miranda, Londres, 1ro de mayo de 1809*

El maestro Pedro Grases, polígrafo, bibliógrafo, historiador, hombre de letras y también de leyes, formado en su originaria Barcelona, España, con cuyo bagaje intelectual viaja hacia América para hacerlo crecer y darle utilidad duradera con la mirada puesta en las generaciones futuras, no reclama de presentación en Venezuela; tampoco en los países de Iberoamérica que son objeto igual de su curiosidad y el estudio cuidadoso de sus luces. Su nombre se encuentra atado de un modo inescindible a la memoria del país. A él debemos, las generaciones actuales, la documentación escrupulosa y contrastada –suerte de guía de navegación– de la historia de nuestras ideas, sobre todo, las de nuestros padres fundadores. Tanto es así, que Arturo Uslar Pietri dice bien y al respecto que "no se podrá escribir sobre las letras y el pensamiento venezolanos sin mencionar a Grases, sin servirse de Grases, sin seguir a Grases en toda la asombrosa variedad de sus pesquisas y hallazgos".

Su preferencia por el estudio de don Andrés Bello, al que dedica dos (2) de los volúmenes que forman parte delos veintiuno (21) integrantes de su extensa y acuciosa obra escrita que aún no cesa de ser inventariada después de su fallecimiento, en 2005, es elocuente. La Fundación que lleva su nombre, en efecto, edita dos volúmenes más con sus documentos para el estudio de las Obras Completas del primer humanista de América; pero ello no le hace arredrar en su esfuerzo paralelo de consecución, revisión y análisis del patrimonio bibliográfico e intelectual patrio, en lo particular y entre otras líneas de investigación que a propósito se traza –o sobre el mismo puente de su devoción bellista– en cuanto a los orígenes de nuestro pensamiento constitucional.

A este último aspecto, a título introductorio o de mero bosquejo, dedicamos las páginas que siguen. Son un homenaje a don Pedro, quien nos honra en vida con su aprecio: "Con sincera amistad y profunda gratitud", reza la última dedicatoria que nos dispensa en el penúltimo libro de su obra: El viaje se termina, en 1998; que temíamos, equivocadamente, sería el último de su fructífera tarea intelectual. No descansa, por lo visto, siquiera en su hora nona.

Sin ser la única, pues toda la obra de Grases tiene como línea transversal a las ideas fundacionales de Venezuela, resulta de vital significación su estudio a profundidad de los documentos de la conspiración de Gual y España. Ellos influyen, como aquél lo sugiere, en el diseño social y político –dogmático y orgánico– de la república que aún aspiramos forjar los venezolanos y no logra ser en lo constitutivo, por obra de una realidad de factura épica que fatalmente se sobrepone y hasta desfigura la trama de nuestra nacionalidad, condenándola al mito de Sísifo: "llamo desde ahora la atención al asombroso hecho de que los impresos publicados en 1797…, reaparezcan en 1811 con tal pujanza que sostienen desde el armazón doctrinal de las primeras Constituciones..., hasta la literatura populachera que iba a ser coreada por las calles, plazas y campos de la nueva República de Venezuela".[1]

Lo cierto es que la tarea de elaboración constitucional pionera que tiene su primer anclaje en tales documentos y el contexto intelectual que los acompaña, permite a Grases afirmar que "Venezuela tiene un lugar de honor en el recobramiento a la vida de la civilización americana de todo el ámbito de Nuevo Mundo". "A fines del siglo XVIII y comienzos del XIX –señala– se produjo la rotunda afirmación y con ella el esfuerzo necesario para entrar en la vida del espíritu y de la cultura con características americanas. En el orden político, en el cultural, en el sociológico, y en la lucha, en el combate, el centro de acción y de pensamiento partió de Venezuela, el país situado en la cabecera Sur, y en el mismo corazón del mediterráneo americano: el Caribe..."[2], escribe el maestro.

Obviamente que en favor de tal juicio no abona, únicamente, el hecho insurreccional frustrado pero que logra trascender en cuanto a su narrativa o motivación intelectual, sino la constatación de la emergencia, durante ese tiempo germinal de Venezuela, de una sólida corriente humanista propia y diferenciada en sus bases "del [hombre] que había sido modelo en las comunidades hispánicas

---

[1] Pedro Grases, *Pre independencia y emancipación*, Caracas-Barcelona-México, Editorial Seix Barral, 1981, Obras completas 3, p. 85.
[2] *Loc. cit.*, p. 24

desde el Renacimiento".³ Sin que ello signifique, como cabe subrayarlo, su distancia o lejanía del paradigma que la inspira y encuentra, entonces, anclaje cierto en el pensamiento pre-liberal y liberal español.

La razón que esgrime Grases para su afirmación no es baladí, y cabe tenerla muy presente al momento de ponderar los alcances del ideario constitucional fundacional venezolano y sus traspiés posteriores: "El siglo XVIII nos ofrece otra perspectiva y posiblemente sean los sucesos acaecidos durante esa centuria los que nos den la clave para explicarnos el desenvolvimiento de los trazos fundamentales de la nacionalidad venezolana".⁴

EL SIGLO XVIII

Cabe tener presente que el tiempo durante el que logra su textura propia e identidad la que más tarde habrá de ser y constituirse como república de Venezuela, coincide con el advenimiento de los Borbones en España y la afirmación del llamado despotismo ilustrado; cuyo primer signo centralizador lo representa –obviamente originado en un tratamiento discriminatorio frente a quienes no apoyan a la nueva Casa reinante durante la Guerra de Sucesión– la eliminación del *foralismo*, con perjuicio particular del reino de Aragón; doctrina política, la foral, que significa la reivindicación por los distintos territorios españoles de sus autonomías administrativas y que, en el caso del cita-

---

³ Pedro Grases, *La tradición humanística*, Caracas-Barcelona-México, Editorial Seix Barral, 1981, Obras completas 5, p. XVII.
⁴ Obras 3, p. 5.

do reino, la ascensión de Felipe V y el dictado de los Decretos de Nueva Planta, le implican la pérdida o el cierre de sus Cortes representativas en 1707.

Las Cortes y sus brazos, encargadas de las funciones legislativas, existen desde el siglo XIII hasta entonces, y están fundadas en la existencia o predica de un pacto o consentimiento entre el rey y el reino, a cuyo tenor y como efecto se "justificaba la resistencia al monarca cuando éste incumpliese el pacto que, según juristas y cronistas, se hallaba en la base del régimen político aragonés".[5]

Es de añadir, en tal orden, que la foralidad, de origen consuetudinario, no es sólo propia de Aragón sino también de Navarra y se extiende hacia otros territorios hispanos hasta cuando ocurre la mencionada Guerra de Sucesión: "En varios textos del inicio del siglo XV aparecen, con nitidez, unos fueros de las montañas pirenaicas como leyes fundacionales anteriores a los reyes. Con ellos se comienza a desarrollar y fundar una doctrina política alternativa a la entonces hegemónica, a la cual sólo podían oponer opiniones e ideas no estructuradas (o la fuerza y la rebelión). Frente a la perfeccionada configuración del poder del rey traída del derecho romano y canónico pontifical, frente a ese emperador en su reino, investido de plena potestad, los fueros de Sobrarbe comienzan a articular una construcción teórica del poder regio limitable, en la línea

---

[5] Jesús Gascón Pérez, "Los fundamentos del constitucionalismo aragonés. Una aproximación", Manuscrits 17, 1999, pp. 253-275.

de las constituciones históricas que se invocarán en otros territorios europeos", refiere Morales Arrizabalaga.[6]

Los fueros del Sobrarbe, titulados míticos, los formulan cristianos sitos en las montañas del mismo nombre (vertiente sur de los Pirineos) desde el instante de la invasión musulmana a España y los imponen a su rey, y según la fuente original que consultamos se resumen así:[7]

I. En paz y justicia regirás el reino, y nos darás fueros mejores.

II. Cuanto a los moros se conquistare, divídase no solo entre los ricos hombres, si también entre los caballeros e infanzones; pero nada perciba el extranjero.

III. No será lícito al rey legislar sin oír el dictamen de los súbditos.

IV. De comenzar guerra, de hacer paz, de ajustar tregua, o de tratar otra cosa de grande interés te guardarás, o rey, sin anuencia del consejo de los séniores.

V. Y para que no sufran daño o menoscabo nuestras leyes o libertades, velará un Juez medio, al cual sea lícito y permitido apelar del Rey, si dañase a alguien, y rechazar las injurias si tal vez las infiriese a la república.

VI. Si contra los fueros o libertades llegara él en lo sucesivo a tiranizar el reino, quedase éste en libertad para elegir otro rey, siquiera fuese pagano.

---

[6] Apud. *Loc. cit.*, p. 261
[7] Jerónimo Blancas (Ieronomi Blancae), *Aragonensium rerum commentarii*, Aragonij Regni Typographos,1588, pp. 25, 26 y 28.

El absolutismo borbónico, por ende, fija un parteaguas constitucional de significación, que ejercerá su influencia en la posteridad y en las distintas vertientes del pensamiento constitucional de Hispanoamérica. Y es contra tal absolutismo o despotismo, o en el tiempo durante el que se afirma, que son direccionados los distintos movimientos conspiradores y de emancipación tanto en España como en la América hispana.

No por azar, como más tarde lo hacen constar los redactores de la Constitución liberal de 1812, la Constitución de la Monarquía Española que sancionan las Cortes Generales y Extraordinarias reunidas en Cádiz en plenitud de la invasión francesa y firman tres venezolanos –Esteban de Palacios, y Fermín de Clemente, y José Domingo Ruz de Maracaibo, desautorizados los dos primeros– siendo rechazada por nuestros primeros repúblicos hasta cuando la invoca en su ostracismo el Precursor, Francisco de Miranda, sus normas, sin negar que en algo reflejan la realidad revolucionaria precedente, la americana y la francesa de finales del siglo XVII, encuentran o tienen como su fuente primaria la referida "constitución primitiva" española foral.[8]

La lectura *in extensu* de una parte del discurso preliminar leído en las Cortes –por Agustín de Argüelles– al presentar la Comisión de Constitución el proyecto de ella es al respecto concluyente:

---

[8] Al respecto, *vid.* Asdrúbal Aguiar, *Libertades y emancipación en las Cortes de Cádiz de 1812*, Editorial Jurídica Venezolana, Caracas, 2012, pp. 175 y ss.

"Nada ofrece la Comisión en su proyecto que no se halle consignado del modo más auténtico y solemne en los diferentes cuerpos de la Legislación española, sino que se mire como nuevo el método con que ha distribuido las materias, ordenándolas y clasificándolas para que formasen un sistema de ley fundamental y constitutiva, en la que estuviese contenido con enlace, armonía y concordancia cuanto tienen dispuesto las leyes fundamentales de Aragón, de Navarra y de Castilla en todo lo concerniente a la libertad e independencia de la Nación, a los fueros y obligaciones de los ciudadanos, a la dignidad y autoridad del Rey y de los tribunales, al establecimiento y uso de la fuerza armada, y al método económico y administrativo de las provincias. Estos puntos van ordenados sin el aparato científico que usan los autores clásicos en las obras de Política, o tratados de Derecho público, que la Comisión creyó debía evitar por no ser necesario, cuando no fuese impropio, en el breve, claro y sencillo texto de la ley constitutiva de una monarquía. Pero al mismo tiempo no ha podido menos de adoptar el método que le pareció más análogo al estado presente de la Nación, en que el adelantamiento de la ciencia del Gobierno ha introducido en Europa un sistema desconocido en los tiempos en los que se publicaron los diferentes cuerpos de nuestra legislación; sistema del que ya no es posible prescindir absolutamente, así como no lo hicieron nuestros antiguos legisladores, que aplicaron a sus reinos de otras partes lo que juzgaron útil y provechoso".[9]

---

[9] Discurso preliminar leído en las Cortes al presentar la Comisión

Y agrega, a mayor abundamiento y para precisar, lo siguiente:

> *"La Comisión, señor, hubiera deseado que la urgencia con la que se ha dedicado a su trabajo... y la falta de auxilios literarios en que ha hallado, le hubiesen permitido dar a esta obra la última mano que necesitaba..., presentando en esta introducción todos los comprobantes que en nuestros códigos demuestran haberse conocido y usado en España cuando comprende el presente proyecto. Éste trabajo, aunque ímprobo y difícil, hubiera justificado a la Comisión de la nota de novadora en el concepto de aquellos, que poco versados en la historia y legislación antigua de España, creerán tal vez tomado de naciones extrañas, o introducido por el prurito de la reforma, todo lo que no ha estado en uso de algunos siglos a esta parte, o lo que se oponga al sistema de gobierno adoptado entre nosotros después de la guerra de Sucesión"*.[10]

No obstante la afirmación del absolutismo y su centralidad política e institucional, el siglo XVIII, como lo recuerda Grases ofrece una perspectiva distinta en el hombre americano, en lo particular, el habitante de Venezuela, visto que "la imprecisa fisonomía" que tiene ésta "para los años postreros del siglo XVII" muda en "un cuadro radicalmente distinto, pues en su gente, en sus instituciones, en sus obras y en sus manifestaciones de cultura, nos hallamos ya con los elementos constitutivos de nuestro gentilicio, en tal forma que el pensamiento de sus escritores,

---

    de Constitución el proyecto de ella, Imprenta Tormentaria, Cádiz: 1812 (Edición facsimilar), pp. 2 y 3.
[10] *Ídem*, pp. 3 y 4.

su modo de vivir y la gesta que llevarán a término en el primer tercio del siglo XIX, tienen el sello inconfundible de lo venezolano". Sin que ello signifique, como lo creemos en lo personal y dentro de las limitaciones de la formación intelectual predominantes, una falta de raíces o la ausencia de raíces tributarias del pensamiento constitucional primitivo español, apagado en la circunstancia.

Durante el siglo XVIII ocurre, es verdad, un proceso de forja de identidad y maduración que acaso lo propulsan distintas circunstancias institucionales y nuestro acercamiento a las fuentes de la Ilustración y la filosofía moderna; justamente, las que permiten el juicio crítico y ponderado sobre el régimen al que había que ponerle un término, sustituirlo en su momento apropiado, y redescubrir las formas propias del autogobierno.

Se trata del tiempo que marca la primera separación de Venezuela de Santa Fe. Hasta entonces, para 1742, dependemos del Virreinato sito en la actual Colombia, y ha lugar a la autonomía de las provincias venezolanas –Caracas, Maracaibo, Cumaná, Margarita y Guayana– y su sujeción plena a la autoridad de su gobernador y Capitán General, Don Gabriel de Zuloaga. Y la razón es de peso, ya que "la capital de Caracas dista de esa de Santa Fe cerca de cuatrocientas leguas, cuyos pasos en más de la mitad del año son intransitables y en el resto de él sumamente penosos y arriesgados, como se verifica de la poca o ninguna comunicación que tienen entre sí esas Provincias, porque cuando más, se reciben cartas de esa ciudad en la de Caracas una vez al año, al tiempo que bajan esos naturales a vender mulas y que si a algún particular se le ofrece dependencia en que necesite despachar propio o correo, le cuesta de 400 a 500 pesos, y esto, con la incertidumbre de que llegue...", reza la disposición real otorgada en 12 de febrero de dicho año.

Dos décadas antes, además, el 22 de diciembre de 1721, el Rey firma la Cédula de erección, en Caracas, de la Real y Pontificia Universidad de Santiago de León de Caracas sobre la experiencia del Colegio Seminario de Santa Rosa, constante de nueve cátedras y para que pueda otorgar grados, hasta entonces dispensados a los muy pocos venezolanos que excepcionalmente y superando riesgos viajaban al efecto hacia las universidades de Santo Domingo y Santa Fe.

Grases apunta, en cuanto a lo anterior, un elemento de juicio autorizado:

> *"Del seno de la Universidad saldrán educados muchos de los hombres representativos de la historia nacional. No es posible ni oportuno entrar en la disquisición valorativa de nuestra Universidad colonial, que tantos encontrados pareceres ha suscitado. Básteme citar unas palabras para mí suficientemente representativas, como son las que estampó Francisco de Miranda, el Precursor, en su primer testamento de 1805, reiteradas en el segundo de 1810...: A la Universidad de Caracas se enviarán a mi nombre los libros clásicos griegos de mi Biblioteca, en señal de agradecimiento y respeto por los sabios principios de Literatura y Moral Cristiana con que administraron mi juventud, con cuyos sólidos fundamentos he podido superar felizmente los graves peligros y dificultades de los presentes tiempos".*[11]

---

[11] Obras 3, pp. 7 y 8.

Sea de mencionar, a título ilustrativo y para el cometido que nos hemos propuesto, que José Ignacio Moreno, quien fue rector de dicha Universidad entre 1787 y 1789, participa de la conspiración de Gual y España en 1797. Juan Germán Roscio (1763-1821), es profesor de Cánones en la misma, y de él recuerda Grases, es uno de los hombres fundamentales –"la necesaria minoría dirigente, que supo encontrar el camino que en la historia conduce a la gloria"– del 19 de abril de 1810.[12] Tanto como para esa fecha, según lo reseña Don Andrés Bello en su *Calendario Manual y Guía Universal de Forasteros en Venezuela para el año de 1810*,[13] integran el Claustro general de Doctores de la Real y Pontificia Universidad caraqueña, autorizada también con Bula de Inocencio XIII y puesta "bajo el patrocinio de la Inmaculada Concepción de Santa Rosa de Lima, y del Angélico Maestro Santo Tomás de Aquino", los nombres, entre otros, de quienes serán nuestros padres fundadores, como José Vicente Unda, Manuel Vicente Maya, Pedro Gual, doctores en teología; Juan Germán Roscio, doctor en Cánones; Andrés Narvarte y Miguel Peña, doctores en Derecho civil; José María Vargas, doctor en Medicina; Cristóbal Mendoza, doctor en Artes.[14]

En ese siglo XVIII también es creada en Caracas la Intendencia de Ejército y Real Hacienda (Real Cédula de 8 de diciembre de 1766); la Real Audiencia, que separa

---

[12] Obras 5, p. 77.
[13] Edición facsimilar tomada del original (Caracas, En la Imprenta de Gallager y Lamb) y publicada con Estudio preliminar de Pedro Grases, Banco Central de Venezuela, Caracas, 1968.
[14] *Ídem*, pp. 60-63.

nuestros negocios judiciales de Santo Domingo y reúne bajo la autoridad caraqueña las apelaciones de las Provincias de Venezuela, Cumaná, Maracaibo, Trinidad y Guayana (Real Cédula de 8 de agosto de 1786); y el Real Consulado, para resolver judicialmente sobre los negocios mercantiles y atendiendo el Rey a que, por obra de la libertad de comercio concedida por su augusto padre, "en el estado presente de las cosas y según la multitud y frecuencia de las expediciones que salen para distintos puertos, podrían no bastar los dos únicos consulados establecidos en Lima y México" (Real Cédula de 3 de junio de 1793). ¡Y es que, desde 25 de septiembre de 1728, sean cuales fueren las valoraciones históricas realizadas acerca de ella y su actuación en Venezuela, a la sazón se firma contrato entre la Corona Española y la Compañía Guipuzcoana!

El decaimiento de la relación económica entre Caracas y la metrópoli, vía Cádiz, en lo particular en cuanto hace a la exportación de Cacao y sus precios exorbitantes, sumado al incremento de los fraudes y el comercio ilícito, da lugar a la inicial autorización de viaje de dos navíos al año de la señalada compañía, como medio formal para la actividad mercantil, que cargados con frutos españoles pudiesen ser permutados por el mismo cacao, "y los demás de aquellos parajes", en Caracas y a través del puerto de La Guaira, en Puerto Cabello, y para que puedan *"los Factores del Registro traficar libremente, y sin impedimento alguno todos los efectos del Registro, internar sus mercaderías, frutos y géneros por mar y tierra, y Ríos de Yaracuy, y otros, y a todos los puertos y lugares de la jurisdicción de la Provincia de Caracas, y traficar y conducir así mismo desde tierra adentro, y sus costas y ríos, a Puerto Cabello, y al de La Guaira, los frutos que recogieren, compraren en ellas, sin obligar a los Navíos, o embarcaciones de la Compañía, que los condujeren y tuvieren que proseguir el viaje a España, a la descarga de ellos en La Guaira…. [y] podrán entenderse en su navegación, a todas las que intermedian desde la del Río Orinoco, hasta el de la Hacha…"*.[15]

En suma, volviendo a Grases, él cita a Mario Briceño Iragorry, para poner sobre la mesa su tesis en cuanto a que, "la Real Cédula de 1777, que permitió al Gobernador y Capitán General de Caracas, dictar órdenes que se cumplían uniformes desde el Roraima hasta el Río de Oro", constituye el momento en que "se echaron los cimientos político-geográficos del gran hogar venezolano y de entonces arranca el proceso formativo del país como nacionalidad determinada en el conjunto de los pueblos civilizados". Pero a renglón seguido, observando el conjunto de las disposiciones reales que le dan armazón institucional, política y económica, a Venezuela, prefiere sostener que ellas "son generalmente consagratorias de un estado de hecho, más que causa de una evolución posterior". A cuyo efecto, propone el estudio de dicho siglo XVIII, como hito en la mudanza de la sociedad venezolana y "como término de una profunda evolución desde los comienzos del siglo hasta sus postrimerías".[16]

Destaca, incluso así, el papel que, en ese proceso de formación del ser nacional y la fijación de una cultura en forja progresiva, cumplen la citada Compañía Guipuzcoa-

---

[15] Santos Rodulfo Cortés, *Antología documental de Venezuela (1492-1900)*, Caracas, s/e, 1960, pp. 126 y ss.
[16] Obras 3, pp. 11 y 12.

na y, en efecto, como lo escribe Ramón Ezquerra, "a bordo de los buques de la Compañía..., los «navíos de la Ilustración», en conocida frase de Basterra", entran al país "muchos de los más conspicuos autores dieciochescos... [tanto como de la Universidad] "salieron muchas figuras de la Emancipación, lo que atestigua no ser un centro inútil ni atrasado, y mereció la gratitud de Miranda y el elogio de su más brillante alumno, Andrés Bello...".[17] Y a la sazón, Grases, por su parte, prefiere apoyarse, para validar lo indicado, en el testimonio de Don Andrés y en su Resumen de la Historia de Venezuela,[18] en la que da noticia extensa del efecto propulsor que sobre toda la geografía venezolana y su dinámica social ejerce la Compañía:

"a la que tal vez podrían atribuirse los progresos y los obstáculos que han alternado en la regeneración política de Venezuela, ... no podrá negarse nunca que él fue el que dio impulso a la máquina que planteó la conquista, y organizó el celo evangélico... La actividad agrícola de los vizcaínos vino a reanimar el desaliento de los conquistadores, y a utilizar bajo los auspicios de las leyes la indolente ociosidad de los naturales".[19]

Causa de lo sucesivo o realidad en ebullición, en suma, ese siglo XVIII venezolano es el punto de partida necesario para el descubrimiento y la comprensión del pensamiento constitucional fundacional de Venezuela.

---

[17] Varios autores (José Tudela, director), *El legado de España a América,* vol. I, Ediciones Pegaso, Madrid, 1954, p. 226.
[18] Obras 3, p. 12.
[19] Bello, *Calendario Manual...*, cit., p. 47.

Grases, al respecto, hace dos referencias vertebrales. Una, la toma del mismo Bello y su citado resumen de historia: "Venezuela tardó poco en conocer sus fuerzas, y la primera aplicación que hizo de ellas, fue procurar desembarazarse de los obstáculos que le impedían el libre uso de sus miembros".[20] Por lo pronto, ya conocía la importancia de la libertad de comercio para el desarrollo social y político. Otra, la concreta en lo que de otra forma no se explicaría, a saber, que en el período correspondiente a las últimas décadas del siglo en cuestión, antes de iniciarse nuestra Independencia, el suelo patrio ve nacer a Francisco de Miranda, Andrés Bello, Simón Rodríguez, Simón Bolívar, Juan Germán Roscio, José Luis Ramos, Cristóbal Mendoza, Francisco Javier Ustáriz, Vicente Tejera, Felipe Fermín Paul, Francisco Espejo, Fernando Peñalver, Manuel Palacio Fajardo, José Rafael Revenga, Pedro Gual, el Padre Fernando Vicente Maya, Miguel José Sanz, Mariano de Talavera, Manuel García de Sena, Carlos Soublette, entre otros.[21] Se trata del conjunto de nuestra primera Ilustración, parteros de nuestra tradición humanista, hacedores de nuestra emancipación, guías del pensamiento político inaugural de la patria; hijos, a fin de cuentas, del siglo XVIII venezolano y de su mixtura hispanoamericana.

Los escritos e investigaciones de Grases, fundamentalmente los tres volúmenes que llevan por títulos Preinde-

---

[20] Obras 5, p. 76.
[21] Obras 3, pp. 1 y 2. Así mismo, Pedro Grases, *Pensamiento político de la emancipación venezolana* (Compilación, prólogo y cronología), Biblioteca Ayacucho, Colección clásica 33, Caracas, pp. IX-X.

pendencia y emancipación (Volumen 3), Estudios Bolivarianos (Volumen 4) y La tradición humanista (Volumen 5), bastan para comprender el significado de todo lo anterior y encontrar en sus páginas los textos fundamentales o las referencias que perfilan el pensamiento inaugural de la república.

PRE-INDEPENDENCIA Y EMANCIPACIÓN

"El cambio de la vida colonial a la vida independiente en Hispanoamérica no radica únicamente en los hechos políticos y bélicos que determinan el paso del poder público, de manos de la metrópoli a los nuevos gobernantes de las nacionalidades constituidas en Estado a comienzos del siglo XIX", escribe Grases. Así, pone el dedo sobre la llaga de nuestra tradición nacional: "El esfuerzo del héroe militar, o el genio del estadista se estrellarían infaliblemente en el vacío, sino marcharan al unísono con la transformación de las conciencias"; es decir, según sus propias palabras, "mucho más profundo que el traspaso del dominio, es la conversión de los principios actuantes en las antiguas sociedades coloniales", como ocurre en Venezuela.[22] Justamente, es lo relevante y lo que nuestra memoria olvida, bajo la recurrencia y afirmación del César democrático o gendarme necesario durante el curso de los siglos XIX, la primera mitad del siglo XX e incluso, durante las dos primeras décadas del siglo XXI; cuyas narrativas –¡qué duda cabe!– anclan en la vertiente del despotismo que rige en España para el momento de nuestra

---

[22] Obras 3, p. 33.

Emancipación y se disfraza al apenas mudar nuestro modelo, luego de la Independencia, y al hacernos república.[23]

Las circunstancias históricas de entonces, las del siglo XVIII venezolano, determinan un estado de conciencia o lo modelan –en el último caso, el malestar social con la Guipuzcoana dada su tendencia monopolizadora de la vida económica y política, siendo que llega, en efecto, bajo las ideas imperantes del libre comercio desconociéndolas; el desarrollo intelectual de los criollos y su afecto por el suelo en el que nacen, que los opone a los peninsulares; las noticias sobre la revolución americana y la revolución francesa; la invasión de Napoleón a España y la amenaza de su extensión hacia las colonias de ésta– y aquéllas, las circunstancias históricas mencionadas, propulsan la acción que sólo espera que el todo se concrete en una idea movilizadora, que para Grases se resume en la Declaración de los Derechos del Hombre y del Ciudadano proclamados en Francia; declaración de filiación norteamericana y británica –la Declaración de Derechos y el Bill of Rights– y la emergencia, como fundamento de aquélla, de la filosofía liberal de los siglos XVII y XVIII: "Los reno-

---

[23] Véase de Giovanni Meza Dorta, *El olvido de los próceres: La filosofía constitucional de la Independencia y su distorsión producto del militarismo*, Editorial Jurídica Venezolana, Caracas, 2012, *passim*; en lo particular, la referencia que toma de Bolívar, en carta que dirige a Santander el 13 de junio de 1821 (*ídem*, p. 32): "Éstos señores [los civiles de Bogotá] piensan que la voluntad del pueblo es la opinión de ellos, sin saber que en Colombia el pueblo está en el ejército, porque es el pueblo que quiere, el pueblo que obra y el pueblo que puede: todo lo demás es gente que vegeta, sin ningún derecho a ser otra cosa que ciudadanos pasivos".

vadores conceptos filosófico-políticos del liberalismo habrán de constituir el nervio y la razón de conducta de los hombres públicos"²⁴ de la época, señala el autor.

Su primera fuente de estudio la representan, por lo mismo, los textos de la citada conspiración de Gual y España, en lo particular, las denominadas Ordenanzas, constantes de 44 artículos y que son instrucciones prácticas para la acción revolucionaria imaginada; el alegato emocional que soporta a la insurrección y a la vez evoca, entre muchas líneas, el alzamiento reivindicatorio de Juan Francisco de León de 1749 en protesta contra la Compañía Guipuzcoana, titulado Habitantes libres de la América Española; las canciones –la Canción Americana y la Carmañola Americana– propuestas para animar y exaltar al pueblo no educado con vistas a la jornada insurreccional que se le propone; el texto de los Derechos del Hombre y del Ciudadano –que es la traducción del texto francés de 1793, constante de 35 artículos– y las Máximas Republicanas, como enunciado de principios y virtudes ciudadanas. Se trata, lo refiere Grases, de un "código de moral y política por el que debe guiarse un buen republicano"[25]; suerte de decálogo de deberes, contrapartida de los derechos que se esgrimen.

De todo ello, no obstante, lo de especial interés para el entendimiento de nuestro pensamiento constitucional originario es el Discurso preliminar que antecede al mencionado texto de los derechos del hombre.

---

[24] Obras 3, *loc. cit.*
[25] *Ídem*, p. 56.

El Discurso preliminar dirigido a los americanos, es obra, según Grases, de Juan Bautista Picornell, quien en 1797 llega a La Guaira junto a Manuel Cortés Campomanes, Sebastián Andrés y José Lax, todos reos de Estado, condenados por la frustrada Conspiración de San Blas en España que estallaría el 3 de febrero de 1796, y es quien lo introduce. Del mismo, se afirma –como consta en el propio texto– haber sido impreso en Madrid, en la Imprenta de la Verdad, en el año primeramente indicado, pero del que la Real Audiencia de Caracas sostiene existen "muchos ejemplares" en la Isla de Guadalupe.[26]

Hace parte Picornell del movimiento pre-revolucionario liberal español. Algunos hasta disminuyen su importancia intelectual, no obstante que, "exaltado, apasionado, orador de fácil palabra, había hecho exclamar al fiscal de su causa en España: ¡...el hombre que tenemos presente en esta audiencia o es un santo o es un demonio!"[27]. Sus elaboraciones o reflexiones en el discurso –distintas de su preferencia intelectual conocida por la pedagogía, anclada en su formación salmantina– algunos las tachan, además, por radicales o jacobinas, ora por predicar el establecimiento de una república democrática, ora por orientarlas hacia la idea de una monárquica constitucional.[28] Pero, más allá de las inevitables influencias cruzadas a que las somete su tiempo y el contexto –las mencionadas revoluciones americana y francesa– su ideario o propuesta política queda tamizado por la condición que tiene como hispano y tribu-

---

[26] *Ib.*, p. 45.
[27] *Id.*, p. 39.
[28] María Jesús Aguirrezabal y José Luis Comellas, "La conspiración de Picornell", Universidad de Sevilla, s/f, pp. 10 y ss.

tario del mundo ilustrado que conoce. Mas, lo importante es que, al fin y al cabo, el aporte de Picornell ejerce una influencia de no poca importancia en las tareas constitucionales que han de acometer luego los padres civiles de nuestra emancipación e independencia.

Entre los grupos o "grandes talentos del país" –del llamado liberalismo conservador español– quienes avanzan incluso de concierto con la propia monarquía en las ideas de una reforma prudente, que fuese congruente con los tiempos nuevos; y la constatación, así mismo, de la repulsa general que causan entre los españoles de bajos estratos las noticias de la incontenible violencia revolucionaria francesa –"opuestos por su espíritu religioso y tradicional a cuanto oliese a revolución"– se afirma, de nuestro personaje, que integra "el grupo de los intelectuales de segunda fila, pretensiosos o resentidos, que se lanzaron al campo del activismo político sin pensarlo más".[29]

El molde del liberal hispano es, antes bien, Manuel José Quintana. En sus cartas a Lord Holland –testigo inglés del proceso español desde el reinado de Carlos III hasta Fernando VII y la posterior afirmación constitucional del liberalismo– señala que "el estado de libertad es un estado continuo de vigilancia y frecuentemente de combates", pero separándose del fenómeno francés señala que aquel, en todo caso, ha de alcanzarse "sin hacer derramar a nadie una gota de sangre, ni una lágrima siquiera".[30]

---

[29] *Loc. cit.*

[30] Apud. Manuel Moreno Alonso, "Lord Holland y los orígenes del liberalismo español", s/f, p. 181, y Aguirrezabal, *cit.*, p. 11.

Lo importante de subrayar es que Grases constata, no solo que los papeles de la conspiración de Gual y España, en específico, el de los Derechos del hombre y del ciudadano, son reeditados posteriormente en Caracas, en 1811 y 1824, en Bogotá en 1813, y en Cumaná en 1848. Sus prescripciones pasan, en efecto, a los Derechos del Pueblo aprobados por la sección legislativa de la Provincia de Caracas el 1° de julio de 1811; a la Constitución Federal para los Estados Unidos de Venezuela, de 21 de diciembre de 1811, elaborada por Francisco Javier de Ustáriz, con la colaboración de Juan Germán Roscio y Gabriel de Ponte; y a la Constitución de Barcelona colombiana de 12 de enero de 1812, en la que trabajan Francisco Espejo y Ramón García de Sena.[31]

En la indagación que realiza nuestro homenajeado, si bien su estudio se limita a "la influencia y las ideas de la redacción del texto de 1797 en los primeros códigos constitucionales de la república", quedan trazas del mismo, según aquél, en las constituciones subsiguientes: la de Cúcuta de 1821, la de Venezuela de 1830, e incluso en la controversial Constitución de Bolivia de 1826, obra de Simón Bolívar. De allí que no carezca de significado el detalle que a la par constata Grases en las Actas del Congreso Constituyente de Venezuela de 1811: "en el Salón de Sesiones del Supremo Congreso de Caracas entró con previo permiso D. Juan Picornell, a ofrecer sus servicios en favor de la patria, al restituirse a Venezuela de la persecución sufrida por el Gobierno anterior".[32]

---

[31] Obras 3, pp. 85 y ss.
[32] Ídem, p. 169.

¿Qué enseñanzas constitucionales deja, así las cosas, el estudiado *Discurso preliminar*[33] dirigido a los americanos y que puedan juzgarse de relevantes para la configuración de un pensamiento venezolano propio?

Lo primero que destaca en el orden dogmático constitucional es el fundamento que le atribuye a los derechos del hombre, que considera "sagrados e imprescriptibles" y mal pueden ser desconocidos "sin una infracción de las leyes más sagradas de la naturaleza, y por un feroz abuso de la fuerza armada"; con lo cual, si bien Picornell traduce para ilustración de los americanos el texto francés que encabeza con su discurso, se separa de su cosmovisión revolucionaria y roussoniana e incluso de la jacobina –salvo que se le acuse como tal, y eso ocurre en su momento, por su apelación última al recurso de la fuerza o acaso al proponer la fórmula del gobierno colectivo[34] como se verá más adelante– recordando, como buen español, que bebe de la fuente milenaria, del Evangelio.

Dado ello predica la disposición necesaria que se requiere para sustituir con "el imperio de una ley razonable

---

[33] Véase el texto, *in extensu*, en Obras 3, pp. 189 y ss., o del mismo autor, en *Pensamiento político de la emancipación*, *cit.*, pp. 9 y ss.

[34] La administración general de la República, en la Constitución francesa de 1793, es confiada a un Consejo Ejecutivo de 24 miembros, electos por el cuerpo legislativo, y aquél, a su vez, nombra, fuera de su seno, los agentes en Jefe de la administración general de la República y los agentes exteriores, conforme a los artículos 62 y ss. *Cfr.* Ferdinan Mélin-Soucramanien, *Les constitutions de la France de la Révolution á la IV République*, Paris, Dalloz, 2009, pp. 63 y ss.

y justa, a la fuerza arbitraria y desmedida, la dulce fraternidad que el Evangelio ordena, al espíritu de división y de discordia que la detestable política de los Reyes ha introducido entre nosotros".

Tal construcción, que es basa de la acción insurreccional de Gual y España, plantea, dos exigencias conceptuales y complementarias, incluso políticamente operativas, a saber, uno, la de restituirle al pueblo su *soberanía* para que pueda hacer valer el poder de sus derechos y determine la formación de un "gobierno paternal"; otro, la creación de una conciencia colectiva sobre los derechos, que prevenga al pueblo del engaño, de la mentira como política de Estado: "Ningún hombre puede cumplir con una obligación que ignora, ni alegar un derecho del cual no tiene noticia", es la oración inaugural del discurso preliminar.

En cuanto a lo primero, se trata de una premisa que tiene largo arraigo en la tradición hispana, según lo refiriésemos supra, y que conceptúa Picornell en su unidad, sobre la que descansa la misma soberanía y que se entiende como el "producto del concurso general de sentimientos y de esfuerzos hacia un objeto único: "el goce común de los derechos del hombre, que constituye el bienestar de cada individuo". Y en cuanto a lo segundo, se abre un abanico constitucional de importancia, que explica, por una parte, la precedencia que se le da a las declaraciones de derechos, previas o anteriores a las formulaciones orgánicas y garantistas del poder en el respectivo texto constitucional, para atar las segundas a las primeras en calidad de sirvientes –así ocurre en Francia, en 1789, 1791, 1793 y 1795, y en Venezuela, en 1811– y, por otra parte, determinan la significación de la educación pública dentro del nuevo entramado constituyente; como lo refleja el artículo 22 de la Declaración francesa de 1793 –fijando como deber de la sociedad favorecer la "razón pública"– y, más tarde, el artículo 368 de la Constitución de Cádiz de 1812 . En otras palabras, se propone "cimentar, y construir de nuevo el edificio, poner en acción la moral, y darla por basa a la política, así como a todas las operaciones del Gobierno", reza el discurso.

Otros dos párrafos del mismo son aleccionadores, al respecto:

> *"No habrían abusado tanto los Reyes de España, y los que en su nombre gobiernan nuestras provincias, de la bondad de los Americanos, si hubiésemos estado ilustrados en esta parte. Instruidos ahora en nuestros derechos y obligaciones, podremos desempeñar éstas de modo debido, y de defender aquéllos con el tesón que es propio".*

> *"Así, hacer de un vasallo, o de un esclavo, que es lo mismo, un Republicano, es formar un hombre nuevo, es volver todo al contrario de lo que era... no es suficiente establecer otro sistema político, es necesario, además, poner el mayor estudio en regenerar las costumbres para volver a todo ciudadano el conocimiento de su dignidad, y mantenerla en el estado de vigor y entusiasmo, en el que le ha puesto la efervescencia revolucionaria, si pasada la crisis no estuviese sostenido por un conocimiento positivo de sus derechos".*

La Constitución, por consiguiente, así como reclama –para ser tal y por fundada en los principios de la razón y de la justicia– estar al servicio de los derechos del hombre y del ciudadano, según Picornell ha de ser además de suficiente y garantista, oportuna, pues ha de formularse y publicarse sin dilación una vez como se alcanza la conciencia de la gente acerca de sus derechos.

Es una cuestión de indudable importancia, en medio de todo proceso emancipador:

"Si la reforma no se ejecuta en ese instante, la imaginación se enfría, las ofensas se olvidan, el entusiasmo se pierde, y la malignidad alentada recobra su audacia, principia a maquinar, y no pocas veces consigue malograr la revolución". (...) "Entonces, el espíritu de discordia se introduce, inflama los corazones, y hace que se combatan, despedacen, y destruyan mutuamente los partidos".

El sentido señalado de la oportunidad constitucional adquiere para los legisladores igual relevancia que la proclamación de los derechos: ya que las disensiones no se frenan "sino publicando inmediatamente su nueva forma de gobierno; y Picornell agrega, por ende, que "en medio de este contraste –el señalado y advertido y que llega por pérdida del sentido del tiempo– los mejores ciudadanos suelen ser víctimas de la perfidia: como su carácter enérgico se opone a toda transacción de los derechos, no es muy difícil al maquiavelismo, pintarlos como los solos obstáculos para el restablecimiento de la tranquilidad general".

La Constitución, en orden seguido, al instante de formular su andamiaje y para asegurar las garantías orgánicas de los derechos, ha de "combinar sus partes de tal modo, que la necesidad de la obediencia de las leyes, y de la sumisión de las voluntades particulares a la general, deje subsistir en toda su fuerza y extensión, la soberanía del pueblo". Y reduciéndose el entramado de los citados derechos a los principios de "igualdad entre los ciudadanos, y el ejercicio de la libertad natural", no cabe duda que ello sólo es posible –así lo confirma el discurso– en una república democrática.

Acaso es, esta afirmación, la que explica la referida acusación que se le hace a Picornell de jacobino, si se la mira no desde la óptica que muestra el trágico desenlace de la Revolución Francesa, sino por la postulación que hacen los girondinos en su Constitución de 1791 de una "monarquía parlamentaria" y constitucional –que limita las atribuciones del Rey y es consistente, incluso, con la perspectiva de los liberales españoles doceañistas, de cultura reformadora– a la que se oponen quienes se reúnen en el Convento de los frailes dominicos: esencialmente republicanos, defensores de la soberanía popular, del voto universal, de la unidad de la nación y del Estado centralizado pero de organización colectiva, como cabe repetirlo.

Picornell, incluso así, precisa mejor su perspectiva y la matiza, apuntando al principio de la distribución, contención y balances del poder, como antecedente del constitucionalismo venezolano:

"es necesario crear una autoridad vigilante y firme, una autoridad sabiamente dividida entre los poderes, que tenga sus límites invariablemente puestos, y que ejerzan el uno sobre el otro una vigilancia activa, sin dejar de estar sujetos a contribuir a un mismo fin".

De modo que, a la visión francesa contractualista, apoyada en el criterio *pro statum o imperium* y su centralidad, opone éste la visión hispana, iusnaturalista y teleológica *pro homine et libertatis*, asegurada por la mencionada división de los poderes y la sujeción de éstos a la ley.

Mejor se entiende lo así dicho, leyendo al propio autor del discurso:

"Con esta medida, la jerarquía necesaria, para arreglar y asegurar el movimiento del cuerpo social, conserva su fuerza equilibrada en todas sus partes... Esta proporción tan exacta nace principalmente de los elementos bien combinados de las autoridades... Nada más funesto para un Estado, que la creación de funciones públicas que no son de una utilidad positiva; no es sino una profunda ignorancia, y más frecuentemente la ambición, el orgullo y el amor propio, quien propone tales funciones; ...ellos [los empleos] impiden el curso del gobierno por su inutilidad, y apuran el Estado consumiéndole su substancia [la garantía de todos los derechos para todos]".

Varios principios rigen para una república democrática así concebida, que han de entenderse como los fundamentales del constitucionalismo venezolano emergente y que propugna el discurso, encontrando, éste, aliciente propicio en el momento crucial de nuestra emancipación:

"Muchos pueblos se ocupan en el día en recobrar su libertad: en todas partes los hombres ilustrados y de sano corazón, trabajan en esta heroica empresa... las circunstancias de la Europa presentan la ocasión más favorable", dice.

Mas, el punto de partida en cuanto a los primeros, es impedir se configure otro gendarme o de un Estado gendarme en defecto de la monarquía.

"En donde todo el poder reside en una sola mano privilegiada, solamente se asciende a fuerza de bajezas, adulando las pasiones...", ajusta Picornell; lo que ha de ser evitado mediante una metodología que propugne, ora la señalada distribución del poder, ora su origen estrictamente electoral.

En efecto, al predicar el carácter colectivo del ejercicio del poder, advierte el autor del discurso que ello no es suficiente, sino que "es necesario también que sea electivo. Éste es, uno de los principios fundamentales de la democracia", concluye Picornell categóricamente.

La reflexión, en cuanto a lo primero e *in extensu* es ilustrativa:

> *"Conferir a un hombre solo todo el poder, es precipitarse en la esclavitud, con intención de evitarla, y obrar contra el objeto de las asociaciones políticas, que exigen una distribución igual de justicia entre todos los miembros del cuerpo civil".*

Quizás prefigurando, así, la formación de una república parlamentaria y/o de gobierno colegiado a la manera de la Constitución francesa de 1793[35], explica el discurso, que ello obliga o provoca de suyo la publicidad de la deliberación, esencial en la república democrática:

> *"No puede jamás existir, ni se pueden evitar los males del despotismo, si la autoridad no es colectiva; en efecto, cuanto más se la divide, tanto más se la contiene... ninguno puede tomar resolución sin el consentimiento de los otros; cuando en fin la publicidad de las deliberaciones, contiene a los ambiciosos o descubre la perfidia, se halla en esta disposición una fuerza,*

---

[35] *Vid*. Supra.

> *que se opone constantemente, a la propensión que tiene todo gobierno de una sola, o de pocas personas, de atentar contra la libertad de los pueblos, por poco que se le permita extender su poder".*

La razón, en cuanto a lo segundo, a lo electoral, no se hace esperar. Se le considera no sólo como el acto principal de la soberanía del pueblo sino, asimismo, parte esencial de los derechos de igualdad –de allí el carácter universal del voto– y la mayor garantía de la libertad pública.

Entiende Picornell, incluso así, que "no todos nacen con las mismas disposiciones, tienen un mismo mérito, y poseen las cualidades necesarias para desempeñar debidamente las funciones públicas"; por lo que previene, no tanto en cuanto a lo relativo a las condiciones que constitucionalmente se le deben fijar al elegido, sino en lo atinente al desconocimiento que de tal premisa y los males que ocurren en los pueblos "que se dejan gobernar por autoridades hereditarias".

Precisa, en igual orden, que el pueblo, al mismo tiempo, no puede ser representante y representado, y al efecto sostiene que, junto a la separación de los poderes electos y delegados, "es necesario que [el pueblo] tenga perpetuamente bajo su dependencia, aquellos a quienes delega el ejercicio de su poder".

Le elección, en suma, otorga un mandato, y el nombramiento que confiere el pueblo, dentro de la más añeja tradición hispana, en modo alguno restringe o prosterna en ningún momento o circunstancia el "derecho de supremacía" de éste, es decir, conserva y ejerce en unidad la soberanía como principio vertebral, reafirmando su consideración inicial.

El carácter electoral del poder delegado, su división y distribución, su carácter colectivo que le obliga a la deliberación y su publicidad, el control permanente por el pueblo sobre todos los mandatos que confiere, su carácter temporal –"los funcionarios, que lo son por toda su vida, o por un largo espacio de tiempo, rompen el equilibrio de la democracia", reza el discurso– y la naturaleza participativa de la misma democracia –"el ocioso en una democracia, es despreciado del público, como un ser inútil, y castigado por la ley, como un ejemplo escandaloso", agrega éste– expresan el conjunto de principios o postulados fundamentales de un orden constitucional que se proponga, como sistema, sustituir al despotismo.

El texto de Picornell sintetiza lo anterior así:

"La verdadera esencia de la autoridad, la sola que la puede contener es sus justos límites, es aquella que la hace colectiva, electiva, alternativa y momentánea".

Cabe, a todo evento, volver e insistir en ese elemento que viene atado, necesariamente, al ejercicio colectivo del poder y a su carácter electivo, a saber, el de la publicidad, que apunta a la idea de la transparencia en la democracia; que no se reduce a la mera cuestión de la publicidad –también mencionada en el discurso– del acto constitucional y su oportunidad.

"La publicidad de las opiniones, y de las deliberaciones, es absolutamente necesaria en una República: no se debe hacer jamás uso, sino del escrutinio verbal. Malhaya aquél, que teme dar su voto, su parecer, o dictamen en alta voz; sus intenciones no pueden ser buenas; no hay sino la maldad que pida la oscuridad y el silencio", afirma Picornell antes de fijar su enseñanza al respecto: *"La publicidad es la más fuerte columna de la libertad"*.

Otro elemento, ya avanzado y de subrayar, es la identidad de la república democrática con el Estado de Derecho y su principio de la legalidad, que a la vez se funda, como exigencia, en el principio de la alternabilidad en el ejercicio del poder y en leyes –"será imposible que haya jamás un buen gobierno, ni una sabia legislación" [sin que todas las leyes sean recopiladas]– que sean objeto de sanción popular:

"La habitud [o larga duración del goce de los poderes por los funcionarios] los identifica insensiblemente con su empleo, de suerte que acaban por hacerse señores, y en lugar de seguir la legislación, que se les ha prescrito, mandan sólo según su capricho".

De modo que, tal y como lo refiere el discurso, "la justa limitación de los poderes y del ejercicio de las funciones públicas", llega al punto de hacer incompatible con la vigencia del mismo Estado de Derecho, a la clásica dictadura constitucional de origen romano o el conocido, en la actualidad, estado de emergencia o excepción. En modo alguno –es la tesis del discurso– una crisis constitucional puede conllevar a la suspensión del orden constitucional:

"Aun en los peligros más inminentes de la Patria, aun en las circunstancias más desgraciadas que pueden presentarse en medio de una crisis revolucionaria, no se debe cometer semejante exceso. Toda excepción de la ley común, hecha en favor de un individuo, es un atentado cometido contra los derechos de los demás".

Ahora bien, el imprescindible ejercicio del poder conforme al Estado de Derecho y a su principio de la legalidad, apareja otro principio clave para la república democrática, a saber, el de la responsabilidad, según Picornell:

> "*Es necesario, pues, que los límites a la autoridad sean tan positivos, que aquellos a quienes esté confiada, no puedan de manera alguna, engrandecer, ni estrechar su circunferencia, sin sufrir la pena impuesta a cualquiera que cometa un atentado contra la seguridad pública, que reside particularmente en la integridad de la Constitución".*

Finalmente, una Constitución sabia y justa además de permanente, como la dibuja Picornell para los americanos, en lo particular para los venezolanos, en procura de una república democrática, es extraña a la mera radicalidad racionalista o histórica que imponga arbitrariamente un grupo, al margen de la realidad y circunstancia que sean propias del grupo humano al que haya que reivindicar en su dignidad y darle un estatus ciudadano. Se trata, en efecto, de una labor de armonía, con miras a la idea del Bien Común, encomendada a los legisladores, pero cimentada en lo invariable, es decir, en el carácter anterior y superior al Estado que tienen los derechos del hombre y condicionan el carácter sirviente de toda la ingeniería constitucional.

Ello obliga, justamente, al reconocimiento constitucional de "la naturaleza de las cosas, y el carácter de los hombres"; no tanto como para subestimarlos y sujetarlos a la tutela del autoritarismo, tal y como lo predicarán los despotismos ilustrados, sino para que haya lugar a una tarea compleja y de moderación en los mismos legisladores, para que a los hombres del pueblo:

> "*sepan atraerlos por la fuerza de los principios y no por la violencia; que conozcan la influencia del clima, sobre lo moral y lo físico, y la influencia aún más grande de los usos antiguos... que miren solamente la*

masa del pueblo, sin distinguir los individuos; que caminen entre la sabiduría y el vigor, la justicia y la razón, la estabilidad y los principios... [y] mirar exclusivamente en sus trabajos el bien general".

Si hubiese que traducir todo lo anterior a la luz de los estándares contemporáneos de la democracia, no sólo de aquéllos que se hacen espacio luego de las revoluciones de la libertad de finales de los siglos XVIII y XIX en Occidente, cabría decir que el Discurso preliminar de Picornell entiende a la república, por fundada sobre el reconocimiento y respeto de los derechos humanos, como una organización del ejercicio del poder político guiada por los principios de legitimidad de origen popular de los mandatos; ejercicio parlamentario representativo; alternabilidad, carácter momentáneo y colegiado de la función pública, con lo que se proscribe la reelección inmediata; división y distribución del poder junto a sus equilibrios (*check and balance*); sujeción del poder a la legalidad constitucional y su teleología *pro homine et libertatis*; transparencia en el ejercicio del poder e información pública; deliberación libre; responsabilidad funcionarial; sujeción de las armas a la primacía de los derechos civiles y ciudadanos; estabilidad e integralidad constitucional, como garantía de los derechos; participación ciudadana; en fin, primacía inicial y final de la voluntad popular soberana.

LA TRADICIÓN HUMANISTA

Grases dedica un tomo de su larga obra al estudio de los humanistas –*La tradición humanística*–[36] que hacen

---

[36] Obras 5, *cit. Supra*.

tradición en Venezuela y son, en esencia, integrantes de la ilustración pionera, la de nuestro siglo XIX, como los casos del Precursor Francisco de Miranda, Miguel José Sanz, Juan Germán Roscio, Simón Rodríguez, Andrés Bello, Manuel Palacio Fajardo, José María Vargas, Domingo Navas Spínola, Juan Manuel Cagigal, Fermín Toro, Juan Vicente González, Rafael María Baralt, y Cecilio Acosta. Ellos ocupan la atención intelectual de Grases. No obstante, cabe decir que Navas Spínola y quienes le siguen, nacidos a inicios del citado siglo, despliegan sus luces sobre la república una vez independiente y ya separada de la Gran Colombia.

Son las ideas de Miranda, Sanz, Roscio, y Bello, en efecto, las relevantes y que han de ser tomadas en cuenta para el estudio del pensamiento constitucional venezolano germinal, antes de que sufra un giro o alcance ser severamente matizado por la obra constitucional de Simón Bolívar, a quien Grases dedica un libro aparte que precede a los de los humanistas –*Estudios Bolivarianos*–[37] a fin de relevar en él, más allá de su condición militar, "la singular altura de una ideología y la capacidad de expresarla en un idioma limpio" sobre Venezuela, sin que pueda precisarse "el tiempo y lugar de su formación intelectual".

Todos a uno, o acaso los primeros diferenciándoseles Bolívar, son portadores de una suerte de pensamiento humanista liberal propio, de textura americana, que Grases acusa "con rasgos diferenciadores respecto a las perspec-

---

[37] Pedro Grases, *Estudios bolivarianos*, Barcelona-Caracas-México, Seix Barral, 1981, Obras completas 4, *passim*.

tivas de la cultura en Europa".³⁸ Las premisas compartidas entre ellos son, según su criterio, "a) El derecho al gobierno de las cosas públicas; y b) La necesidad de construir las bases propias americanas con las peculiaridades singulares, idóneas a las nuevas Repúblicas"; objetivos, éstos, que, en el juicio de aquéllos no pueden alcanzarse sino mediante una "nueva educación".³⁹

Incluso, así, ese pensamiento constitucional en cierne, Grases lo advierte frustrado "por la fuerza de los acontecimientos socio-políticos que dominan la escena del siglo XIX en casi toda la América hispana", a saber y como lo precisa éste, "dada la aparición de caudillos o gobiernos autocráticos".

Interesa, para este escrito puntual –susceptible de ser ampliado– y dada su sucesión cronológica, auscultar de modo particular y en líneas gruesas el pensamiento mirandino, por ser el inaugural dentro del conjunto de sus contemporáneos y sin mengua de alguna brevísima reseña acerca de éstos.

A. *El licurgo venezolano*

Sin embargo, cabe decir, brevemente, en cuanto a Miguel José Sanz, nacido en 1756, quien fuera consejero de mismo Miranda y decano de los juristas caraqueños; considerado el "Licurgo de Venezuela"⁴⁰ por François Depons y editor que es del primer periódico no oficial que

---

[38] Obras 5, p. XVIII.
[39] *Loc. cit.*
[40] Grases, *El pensamiento político...*, *op. cit.*, p. 380.

circula en plena emancipación e Independencia, el *Semanario de Caracas*, amén de secretario del Congreso que sanciona nuestra primera Constitución, que es el autor de las ordenanzas municipales para el gobierno de Caracas cuya redacción le encomienda el Capitán General Guevara y Vasconcelos y que finaliza en 1802. Las mismas, al igual que su historia de Venezuela se extravían, y de las primeras queda, en buena hora, la parte educativa: *Informe sobre la Educación Pública durante la Colonia*.[41]

Una de sus preocupaciones fundamentales es, sin exagerar, la educación para la democracia; lo que se aprecia al leer su afirmación, en cuanto a que la "prosperidad pública" sólo será posible gracias a "magistrados sabios" y "ciudadanos ilustrados" que alejen de la sociedad "la hipocresía y la superstición"[42]; educación que la entiende en su carácter laico, y la funda en la igualdad de trato y no discriminación, tal y como se desprende de sus comentarios al respecto: "Pocos niños hay en Caracas que no se crean más nobles que todos los demás y no se precien de tener un abuelo Alférez, un tío Alcalde, un hermano Monje o un Sacerdote pariente (...)".[43]

Sanz, más tarde, es consultado sobre el proyecto de gobierno provisorio que imagina para Venezuela Simón Bolívar en 1813, elaborado a su pedido por Francisco Javier

---

[41] Mariano Nava Contreras, "Ilustración venezolana y Paideia colonial", *Presente y Pasado. Revista de Historia*. ISSN: 1316-1369. Año 15, N° 30, Julio-Diciembre, 2010, p. 310.

[42] *Ídem*, p. 314.

[43] Obras 5, *cit*. Así mismo, cita por F. Depons, *Voyage a la partie orientale de la terre-ferme dans l'Amérique Méridionale*, F. Buisson Libraire, Paris, 1806, p. 188.

Ustáriz. Y, al efecto, téngase presente que ese mismo año y antes, en reproche que hace al gobernador de la provincia de Barinas, Manuel Antonio Pulido, en evidente discrepancia con el pensamiento de los repúblicos de 1811, Bolívar expresa lo siguiente y con ello traza las primeras líneas concretas –no matizadas– de su pensamiento constitucional:

"Lamento ciertamente que en el oficio de V.S. de 27 de julio se reproduzcan las viciosas ideas políticas que entregaron a un débil enemigo una República incomparablemente más poderosa en proporción. Recorra V.S. la presente campaña y hallará que un sistema muy opuesto ha restablecido la libertad. Malograríamos todos los esfuerzos y sacrificios hechos si volviésemos a las embarazosas y complicadas formas de la administración que nos perdió. Vea V.S. cómo no son naciones poderosas y respetadas sino las que tienen un gobierno central y enérgico. La Francia y la Inglaterra disponen hoy del mundo, nada más que por la fuerza de su gobierno, porque un Jefe sin embarazos, sin dilaciones, puede hacer cooperar millones de hombres a la defensa pública. ¿Cómo pueden ahora pequeñas poblaciones, impotentes y pobres, aspirar a la soberanía y sostenerla? Me objetará V.S.: las soberanías de los Estados Unidos; pero primero estas soberanías no se establecieron sino a los doce años de la revolución, cuando terminada la guerra aquella Confederación estaba reconocida de sus propios opresores y enemigos; hasta entonces los mismos vencedores habían sido los jefes superiores del Estado, y a sus órdenes todo salía sin réplica: ejércitos, armas y tesoro. Segunda, que las provincias de los Estados Unidos, aunque soberanas, no lo son más que para la adminis-

tración de la justicia y la política interior. La hacienda, la guerra, las relaciones exteriores de todas las soberanías, están enteramente bajo la autoridad del solo Presidente de los Estados. Ninguna provincia tampoco es soberana, sin una población y riqueza bastante para hacerla respetar por sí sola."[44]

Sanz responde de modo elocuente al pedido que se le hace. Adhiere a la citada concepción de la organización bolivariana del poder, pero justificándola en tanto y en cuanto es igual a la forma de dictadura constitucional que ejerce Miranda en plena crisis de la Primera República, por mandato del Congreso. La entiende, pues, como un estado de excepción transitorio –de origen romano– que tiene lugar para asegurar la misma libertad; lo que al paso hace inconveniente, lo dice Sanz, la división del territorio en corregimientos como lo propone Ustáriz:

"Sería, pues, contrariar la naturaleza de las cosas desviarse o apartarse de la ruta y senda, que ella nos ha ofrecido para que recuperemos y consolidemos nuestra Libertad e Independencia. Seguirla puntualmente, auxiliándola por nuestra parte cuanto nos sea posible, es lo que aconsejan la razón, la conveniencia y la justicia. El General Bolívar debe, por todas estas consideraciones, reunir en sí los poderes legislativos y ejecutivo y gobernar el Estado hasta concluir y perfeccionar la grande y gloriosa obra que ha comenzado, destronando a los tiranos, limpiando la tierra de enemigos y asegurando nuestro sistema por medio de la unión con la Nueva Granada".

---

[44] Grases, *Pensamiento político...*, cit., pp. 96 y ss.

Incluso así, al profundizar en el asunto y proponer hacia octubre unas *Bases para un gobierno provisional de Venezuela*, en cuyo discurso preliminar, justamente, consta la mención que hace de Miranda –a quien señala de hombre "extraordinario" y advierte de torpeza imaginar siquiera su reposición al poder– Sanz precisa que superada la guerra cabe formar un gobierno representativo, originado en comicios, lejos del esquema bolivariano:

"Más reflexionada la materia, opinaría yo que no es conveniente que el General Bolívar extienda la autoridad que le corresponde a todos los ramos de Administración. Esto seguramente le sería muy embarazoso y le distraería del principal y casi único objeto a que debe dirigirse, que es expeler a los enemigos interiores y exteriores de la Patria. En los asuntos de Estado, de Guerra y de Hacienda, debe tener omnímodas y absolutas facultades, porque no pudiendo hacerse la guerra sin noticias exactas y sin rentas, es preciso que intervenga y disponga arbitrariamente de todas, y que respecto de estos ramos sea Legislador y Ejecutor, sólo con dependencia del Congreso de Nueva Granada, hasta que pacificadas las Provincias, esparcidas y afianzadas las verdaderas ideas, extirpadas las falsas y los pueblos instruidos, nombren sus Representantes en concurrencias libres y legítimas, y éstos formen la Constitución permanente y estable de que partan leyes justas, equitativas y acomodadas a la naturaleza del país, carácter y clases de sus habitantes".[45]

---

[45] *Ídem*, pp. 115-116.

B. *El teorizador católico*

De Roscio, nacido en 1763, cabe referir lo que afirma de él Grases y que no es de menor importancia, dada la raizal adhesión al cristianismo por los españoles –y criollos– de ambos continentes y como tal condicionante de sus valoraciones políticas:

"[Se trata del] mayor teorizador de Hispanoamérica, quien dedicó principalmente su vida a desvanecer el último escrúpulo de sus conciudadanos. Tal fue la misión de Juan Germán Roscio, excelente jurista, profesor de cánones en la Universidad de Caracas, a quien debemos la continua prédica desde 1811 para apaciguar la preocupación de los cristianos que pudiesen temer que fuese pecado el ser republicano".

Agrega el maestro, al respecto, que:

"En numerosos escritos [Roscio] explica y desvanece la supuesta antinomia hasta dedicarle un libro de notable dimensión: El triunfo de la libertad sobre el despotismo (1817), en el que confiesa sus antiguos errores acerca del derecho divino de los monarcas, como pecador arrepentido. [Y] fundado en los mismos textos (particularmente la Biblia) con que se había edificado la caduca teoría del derecho divino de los reyes, construye la nueva doctrina".

Dos principios, claramente republicanos, extracta Grases en su estudio de los papeles de Roscio, en lo particular de su *Homilía sobre del Cardenal Chiaramonti* (1817):

"Muy lejos de ser repugnante al cristianismo la forma popular de gobierno, ella es la más conforme a la igualdad, libertad y fraternidad recomendadas en el Evangelio".

> *"Son sin duda las virtudes cristianas el mejor apoyo de una República".*

C. El primer humanista de América

Bello, quien nace en 1781 y hace parte de la primera misión diplomática de Venezuela en Londres, junto a Simón Bolívar y Luis López Méndez, todos huéspedes de Miranda, sus contertulios y ávidos usuarios de su biblioteca, más tarde, hacia 1826, como redactor del *Repertorio Americano* hará constar su fe en la libertad de expresión como columna de la vida social y política; tanto como lo hiciesen los liberales en las Cortes españolas de 1812, al señalar, a propósito de aquélla, que: "amamos la libertad, escribimos en la tierra clásica de ella, y no nos sentimos dispuestos a adular al poder, ni a contemporizar con preocupaciones que consideramos perniciosas".

Predica el Primer Humanista, de suyo y en línea con el pensamiento constitucional liberal conservador, un gobierno moderado, hijo, sí, de la ilustración:

> *"que civilizado el pueblo americano por las letras y las ciencias, sienta el benéfico influjo de las bellas creaciones del entendimiento, y recorra a pasos gigantescos el vasto camino abierto al través de las edades por los pueblos que le han precedido; hasta que llegue la época dichosa, en que la América, a la sombra de gobiernos moderados, y de sabias instituciones sociales, rica, floreciente, libre, vuelva con usura a la Europa el caudal de luces que hoy le pide prestado, y, llenando sus altos destinos, reciba las bendiciones de la posteridad".*

D. *El precursor de la emancipación*

Miranda, autor intelectual de primer orden de la Emancipación americana, de sólida formación a través de lectura decantada, en especial de los clásicos y sus contemporáneos, quien la soporta sobre los primeros conocimientos adquiridos en la Universidad Caracas, endosa, para los fines de su acción revolucionaria, el libelo y las reflexiones de un sacerdote jesuita peruano quien fallece en 1798, Juan Pablo Viscardo y Guzmán. Los papeles de éste los recibe de manos del ministro norteamericano Rufus King. Tanto que, se afirma, en concreto, que el documento que en 20 de marzo del mismo año envía el Precursor al ministro Pitt, titulado Vista Política de la América Española, lo forma sobre los papeles de Viscardo o acaso es una tesis de éste; circunstancia que es refutada por Merle E. Simmons.[46] Pero lo incuestionable es que su proclama de Coro de 2 de agosto de 1806 llega acompañada con la Carta del mencionado sacerdote, que traduce al español,[47] si bien la crítica contemporánea busca restarle significado.[48]

---

[46] Merle E. Simmons. *Los escritos de Juan Pablo Viscardo y Guzmán, Precursor de la independencia hispanoamericana*, Universidad Católica Andrés Bello/Instituto de Investigaciones Históricas, Caracas, s/f, p. 18.

[47] Georges L. Bastin y Elvia R. Castrillón. "La «Carta dirigida a los españoles americanos», una carta que recorrió muchos caminos". *Hermeneus*, n. 6, 2004, pp. 276-290.

[48] A. Owen Aldridge. "Las ideas en la América del Sur sobre la Ilustración Española". *Revista Iberoamericana*, pp. 288-289.

(1) *Los proyectos constitucionales*

Es cierto, como lo hace constar José Gil Fortoul, es que Miranda, cuando negociaba en Londres la emancipación, presenta al Ministro Pitt, en 1790, un proyecto de Constitución que considera el establecimiento en América o Colombia de un Poder Ejecutivo a imitación del británico –diluido con evocaciones indígenas– y que ha de ejercerlo un Emperador hereditario llamado Inca; de una Cámara alta de senadores o caciques vitalicios y de un Poder Judicial con altos magistrados igualmente vitalicios, nombrados éstos y aquéllos por el Inca; y de una Cámara de los Comunes integrada por diputados electos de duración quinquenal.

En emulación de la experiencia de la antigua república romana, para atender las funciones de administración y dirección política establece una suerte de magistratura integrada, en primer lugar, por Censores, elegidos por el pueblo y con la autoridad para velar por las costumbres, en especial de los senadores, con potestad para expulsarlos de su seno; por Ediles de mandato quinquenal elegidos por el Senado y confirmados por el Inca, encargados de las obras y servicios públicos; y por Cuestores, nombrados por la Cámara de los Comunes y encargados de las finanzas.

El orden jurídico, en esa suerte de simbiosis monárquico-republicana, siguiendo la experiencia inglesa, lo vendrían a integrar normas reglamentarias –no legales– de la propia Constitución, consideradas como emanación de la misma; ello, a objeto de que los tribunales puedan considerarlas nulas y no aplicables en lo inmediato, de advertirlas contrarias al orden constitucional y ejerciendo al efecto el control respectivo. Y la reforma de tal orden reclama de votos calificados y concurrentes entre dichas cámaras, los presidentes de los Altos Tribunales y el propio Inca.[49]

Lo relevante, más allá de lo anterior y del juicio de valor que concita al propio Grases –el producir Miranda proyectos "irrealizables"[50], "casi napoleónicos" en el criterio de Picón Salas[51]– es que hacia marzo de 1798, el Generalísimo, llamado "príncipe de los proyectistas visionarios", se anticipa en doce años a la fragua de los principios jurídicos que esgrimen para la Independencia los próceres venezolanos y que no son distintos, en esencia, de los que luego también sirven de molde a la Cortes gaditanas de 1812 para fundar la idea de la soberanía nacional: Hacia el 20 de marzo del primer año citado éste considera que la ruina del poder central de la monarquía extingue los vínculos de sujeción de las colonias españolas, las que al efecto deben de darse una nueva forma de gobierno.[52]

Pero, además, los testimonios escritos de Miranda indican –he aquí lo palmario para la definición de su pensamiento– sobre su frustración con la Revolución Francesa, pero aguas abajo, en su deriva dictatorial y jacobina; misma que le lleva a quejarse de la ingratitud del gobierno francés, que mal paga sus servicios, le viola sus derechos

---

[49] José Gil Fortoul, *Historia Constitucional de Venezuela*, Ediciones Sales, Caracas, 1964, Tomo primero, p. 173.
[50] Grases, *Pensamiento político, op. cit.*, p. XXIV.
[51] Mariano Picón Salas, *Francisco de Miranda*, UCAB, Caracas, 2009, p. 221.
[52] Parra-Pérez, *cit.*, pp. 65 y 95.

en Fructidor y le persigue a manos del Directorio.⁵³ Tanto que, en sus instrucciones secretas a Pedro José Caro, de 6 de abril de 1798, encomendándole entregar correspondencia al Presidente norteamericano Adams y al Secretario Hamilton, Miranda condena a la susodicha revolución, en cuyo concepto su influencia es funesta para la tranquilidad y progreso de nuestras naciones.⁵⁴

Todavía más, habla de la necesidad de personas prudentes e instruidas que lleven por buen camino a la revolución hispano americana y le "permitan formar un gobierno estable sobre bases diametralmente opuestas al sistema francés [jacobino] y a sus principios anárquicos y subversivos", a la vez que eviten la pureza de los principios de dicha revolución como lo pretenden los girondinos.⁵⁵ "De prolongarse un tiempo más el combate entre la libertad y sus opositores –agrega– bien podrían verme participar activamente… defendiéndola sin Bastillas, sin guillotina, sin saqueo y sin proscripciones".⁵⁶

---

⁵³ *Vid.* al respecto e *in extensu* los capítulos VI (Al servicio militar de Francia) y VII (Acontecimientos en Francia) de la obra de William Spence Robertson, *La vida de Miranda* (Edición revisada por Pedro Grases), Banco Industrial de Venezuela, Caracas, 1967, pp. 98-128. La referencia de Miranda corresponde a Caracciolo Parra-Pérez, constante en su célebre y ya clásica *Historia de la Primera República de Venezuela*, Tomo I, Tipografía Americana, Caracas, p. 66.

⁵⁴ *Ídem*, pp. 62 y 66.

⁵⁵ Parra Pérez, *op. cit.,* pp. 38, 65, 76.

⁵⁶ Giovanni Meza Dorta. *Miranda y Bolívar, dos visiones.* Bid & Co, editor, Caracas, 2007, p. 100.

El proyecto constitucional de 1790, tanto como el Acta de Paris de 22 de diciembre de 1797, suscrita entre Miranda y los diputados de la América meridional –"*Instrucciones de los Comisarios, diputados de villas y provincias de las colonias hispanoamericanas*"– no tienen otro propósito, cabe subrayarlo, que impetrar el auxilio de Inglaterra y de los Estados Unidos a favor de la empresa emancipadora americana para "salvar la libertad audazmente ultrajada por las máximas detestables de la revolución francesa": Es, como lo señala Picón Salas, "el gran cebo que levanta Miranda a ver si pica el siempre astuto y evasivo ratón de mister Pitt"; "textos de persuasión política" los llama Grases.[57]

¿Cuál es, entonces, el ideario precursor venezolano, en lo particular el ideario propio de Miranda?, es la pregunta que se hace e intriga al mismo premier británico cuando interroga al ex gobernador Ponwall –quien media por Miranda y al que conoce en las Antillas hacia 1781– "sobre los principios políticos del general y el sistema de gobierno que propone para la América española".[58]

El Proyecto de Constitución Americana que sucesivamente elabora Miranda hacia 1798 –lo apunta Grases en su compilación del pensamiento político de la emancipación–[59] y, de modo particular, al diseñar como partes del mismo el proyecto de Gobierno provisorio y el de Gobierno Federal, afinca el orden político a ser sostenido,

---

[57] Picón Salas, p. 72, y asimismo Grases, *Pensamiento político...*, op. cit., p. XXIII.
[58] *Ibíd.*, pp. 69 y 88.
[59] Grases, *Pensamiento político de la emancipación*, cit. p. 43.

una vez como cesen las autoridades españolas, sobre los Cabildos y Ayuntamientos y sus relegitimaciones por la vía electoral, tal y como lo propone Viscardo, según lo veremos; y en forma ascendente, la estructura orgánica constitucional esperada, fragua desde los cabildos, que formarán electivamente la Asamblea Provincial "encargada del gobierno general de toda la provincia hasta que se establezca el gobierno federal" y que, a la sazón, también procura la formación de su respectivo cuerpo legislativo, integrado por la misma mediante elección de representantes, con ejercicio limitado a 5 años, y quienes, por su parte, escogen a dos ciudadanos encargados del Poder Ejecutivo provincial con el nombre de Curacas.

Así formada la organización pública, por cabildos y asambleas provinciales, los cuerpos legislativos de cada provincia organizan, con representantes venidos de su seno y llamados Amautas, el Cuerpo Legislativo federal o Concilio Colombiano; cuya actividad legislativa, en lo relativo a reformas o cambios constitucionales para toda la federación, se soporta sobre una suerte de diálogo entre el Concilio y las Asambleas Provinciales, que logra sobreponerse a los vetos eventuales que oponga el Poder Ejecutivo. Éste, nombrado por el Concilio Colombiano, con mandato decenal y prohibición de reelección inmediata, salvo ocurrido el transcurso de un decenio, lo integran dos ciudadanos del Imperio colombiano, uno de los cuales ha de haber tenido experiencia de grandes cargos anteriores, y llamados, los dos, con el título de Incas.

Tal forma de gobierno, suerte de monarquía constitucional electiva pero de corte federal, poco segura para los británicos que apoyan a Miranda: inspirada en la de los Estados Unidos, según lo entiende Picón Salas y compuesta, además, por funcionarios que, en categorías distintas vienen tomadas –al igual que en el proyecto que conoce Pitt– de la república romana, como cuestores, ediles y censores, queda sujeta al principio de la responsabilidad, a pesar de la inmunidad de la que gozan los Incas, según lo prescribe el proyecto mirandino. Allí se dispone, en efecto, que "los Incas serán responsables ante la nación de todos sus actos... [y] podrán ser, terminadas sus funciones públicas, acusados o juzgados ante la Alta Corte Nacional".

Si bien es cierto que el Poder Ejecutivo responde ante dicha Alta Corte, cuyos jueces éste los designa, no puede hacerlo sino dentro del conjunto de jueces nacionales, elegidos en comicios provinciales, que si acaso pueden ser rechazados por los Incas, cede el veto ante la imposición del Concilio colombiano; en una Justicia cuyos miembros son vitalicios y quienes pueden ser juzgados y removidos por prevaricación, pero sólo previa autorización del Concilio y juicio posterior ante la Alta Corte Federal.

Se trata, en suma, como bien lo anota Gil Fortoul, de un proyecto "que difiere en puntos esenciales del que propuso Miranda a Pitt en 1790".

(2) *La carta a los españoles americanos*

Viscardo (1748-1798), en sus dos escritos fundamentales: "*Proyecto para independizar la América española*" (1791) y la "*Lettre aux Espagnols Americains. Par un de Leurs Compatriotes*" (1799) que Miranda le publica post mortem, sin obviar su propósito final –como lo es la defensa de la legitimidad de las posesiones de la Compañía de Jesús en Paraguay confiscadas por la monarquía– esgrime inteligente su pensamiento en cuanto al necesario apoyo inglés a la Independencia americana. Y acuña que no es España sino los españoles quienes crean los establecimientos americanos. Se apoya el mismo, para decir lo que dice, en las antiguas "libertades" históricas que condenan desde antiguo sujetar al individuo y sus derechos inalienables a la ley arbitraria del Estado o del monarca; de donde, según lo entienden sus intérpretes, la mención de Viscardo a Montesquieu es un soporte adicional y no principal de sus argumentos.

A la luz de lo anterior, cabe precisar dos datos de especial relevancia, que indican o sugieren el encadenamiento o la identidad, sin solución de continuidad, entre el ideario constitucional de Picornell, al que sigue el de Viscardo y de suyo el de Miranda.

Grases, sin planteárselo así, marca los pasos en su escrito sobre Miranda, al destacar la relación intelectual que traba con éste Manuel Cortés Campomanes, "principal colaborador de Mariano (*sic*) Picornell" en la conspiración de San Blas y su compañero de cárcel en La Guaira, instigadores de la conspiración de Gual y España de 1797. A la sazón, aquél introduce ante Miranda a José María Antepara, integrando todos, de conjunto, las tareas de redacción de *El Colombiano*: "Antepara fue el mayor colaborador de Miranda en esta empresa", precisa Grases, y destaca, además, el documento escrito por Antepara que da cuenta del nacimiento de dicha publicación y del grupo de comprometidos: "Me convencieron absolutamente... soy ya del mismo modo de pensar".

Sea lo que fuere, una vez como Miranda, durante su invasión a través de Coro, en 1806, presenta su Proclama a los Pueblos de Colombia como justificación política constituyente y de su acción revolucionaria, al fin justifica todo ello en "la Epístola adjunta de J. Viscardo de la Compañía de Jesús, dirigida a sus compatriotas".

Añade Miranda:

"Hallarán en ella irrefragables pruebas, y sólidos argumentos en favor de nuestra causa, dictados por un varón-santo, y a tiempo de dejar el mundo, para parecer ante el Criador del Universo".[60]

¿Qué narrativa, entonces, puede extraerse de la célebre Carta a los Españoles Americanos que hace propia nuestro Precursor y la asume dentro de su pensamiento constitucional?

Luego de razonar, según lo ya avanzado, sobre la noción de la patria como el suelo en el que se nace y desde allí, justificar los derechos propios y de quienes nos suceden, que parten del derecho habido, incluso, por los conquistadores de América —"a lo menos mejor que el que tenían los antiguos godos de España, para apropiarse el fruto de su valor y de sus trabajos"— y, después de señalar que "nada debemos, de quien no dependemos y del cual nada podemos esperar" para subsistir; a cuyo efecto mal puede considerarse una traición defender el suelo "donde somos nacidos y que nos suministra el alimento necesario para nosotros y nuestros hijos"; y advirtiendo que "nuestra veneración a los sentimientos afectuosos de nuestros padres por su primera patria es la prueba más decisiva de la preferencia que debemos a la nuestra", pasa Viscardo a darle fundamento natural a la idea de la libertad y los derechos:

---

[60] *Ídem*, p. 56.

> *"Debérnoslo a nosotros mismos por la obligación indispensable de conservar los derechos naturales, recibidos de nuestro Creador, derechos preciosos que no somos dueños de enajenar, y que no pueden sernos quitados sin injusticia, bajo cualquier pretexto que sea; ¿el hombre puede renunciar a su razón o puede ésta serle arrancada por fuerza? La libertad personal no le pertenece menos esencialmente que la razón. El libre uso de estos mismos derechos es la herencia inestimable que debemos dejar a nuestra posteridad. Sería una blasfemia el imaginar, que el supremo Bienhechor de los hombres haya permitido el descubrimiento del Nuevo Mundo, para que un corto número de pícaros imbéciles fuesen siempre dueños de desolarle, y de tener el placer atroz de despojar a millones de hombres, que no les han dado el menor motivo de queja, de los derechos esenciales recibidos de su mano divina".*

Destaca previamente, al efecto, la paradoja de que quienes nos oprimen y las demás naciones europeas, también luchan en la hora por la misma libertad que nos niegan:

> *"Esta [la verdad] nos enseña que toda ley que se opone al bien universal de aquellos para quienes está hecha, es un acto de tiranía, y que el exigir su observancia es forzar a la esclavitud; que una ley que se dirigiese a destruir directamente las bases de la prosperidad de un pueblo sería una monstruosidad superior a toda expresión; es evidente también que un pueblo a quien se despojase de la libertad personal y de la disposición de sus bienes, cuando todas las otras naciones, en iguales circunstancias, ponen su más grande*

interés en extenderla, se hallaría en un estado de esclavitud mayor que el que puede imponer un enemigo en la embriaguez de la victoria".

Viscardo advierte, sin lugar a dudas, que tal entendimiento o prédica tiene sus raíces en la llamada Constitución primitiva –la hemos citado antes– de España, abandonada y negada posteriormente por los Borbones; y su negación, según él, se explica en el destierro que se nos impuso "de todo el mundo antiguo, separándonos de una sociedad [la española] a la cual estamos unidos con los lazos más estrechos; añadiendo a esta usurpación sin ejemplo de nuestra libertad personal, la otra igualmente importante de la propiedad de nuestros bienes".

La reversión de tal estado de cosas pertenece, por ende, a la soberanía, que es popular, no sólo según la tradición liberal sino, sobre todo, por remisión a la Constitución española primitiva:

"Los intereses de nuestro país, no siendo sino los nuestros, su buena o mala administración recae necesariamente sobre nosotros, y es evidente que a nosotros solos pertenece el derecho de ejercerla, y que solos podemos llenar sus funciones, con ventaja recíproca de la patria, y de nosotros mismos".

A lo que agrega:

"Después de la época memorable del poder arbitrario y de la injusticia de los últimos reyes godos, que trajeron la ruina de su imperio y de la nación española, nuestros antepasados, cuando restablecieron el reino y su gobierno, pensaron en premunirse contra el poder absoluto a que siempre han aspirado nuestros re-

yes. Con este designio concentraron la supremacía de la justicia y los poderes legislativos de la paz, de la guerra, de los subsidios y de las monedas, en las Cortes que representaban la nación en sus diferentes clases y debían ser los depositarios y los guardianes de los derechos del pueblo. A este dique tan sólido los aragoneses añadieron el célebre magistrado llamado el Justicia, para velar en la protección del pueblo contra toda violencia y opresión, como también para reprimir el poder abusivo de los reyes".

De consiguiente, en la misma perspectiva de Picornell, salvando las distancias y diferentes narrativas, Viscardo sitúa los derechos del hombre como fundamento de la sociedad y justificación de la organización pública, sea cual fuere la forma que adopte:

"La conservación de los derechos naturales y, sobre todo, de la libertad y seguridad de las personas y haciendas, es incontestablemente la piedra fundamental de toda sociedad humana, de cualquier manera, que esté combinada. Es pues una obligación indispensable de toda sociedad, o del gobierno que la representa, no solamente respetar sino aun proteger eficazmente los derechos de cada individuo".

En igual orden, la organización pública y del poder queda soportada sobre la idea del Estado de Derecho, en lo particular por la seguridad jurídica, que impone el ejercicio del mismo poder dentro de los límites de la legalidad y su responsabilidad. El razonamiento es claro, si bien lo discierne a partir del hecho de la expulsión que sufren los jesuitas por orden de la Corona:

"El gobierno ha violado solemnemente la seguridad pública, y hasta que no haya dado cuenta a toda la nación de los motivos que le hicieron obrar tan despóticamente, no hay particular alguno que en lugar de la protección que le es debida no tenga que temer opresión semejante, tanto cuanto su flaqueza individual le expone más fácilmente que a un cuerpo numeroso que en muchos respetos interesaba la nación entera. Un temor tan serio, y tan bien fundado, excluye naturalmente toda idea de seguridad. El gobierno culpable de haberla destruido en toda la nación, ha convertido en instrumentos de opresión y de ruina los medios que se le han confiado para proteger y conservar los individuos. Si el gobierno se cree obligado a hacer renacer la seguridad pública y confianza de la nación en la rectitud de su administración, debe manifestar, en la forma jurídica más clara, la justicia de su cruel procedimiento respecto de los cinco mil individuos de que se acaba de hablar. Y en el intervalo está obligado a confesar el crimen que ha cometido contra la nación, violando un deber indispensable y ejerciendo una implacable tiranía. Mas si el gobierno se cree superior a estos deberes para con la nación, ¿qué diferencia hace pues entre ella y una manada de animales, que un simple capricho del propietario puede despojar, enajenar y sacrificarla?"

De modo que, separándose el monarca o gobernante de su servicio al bien común, el propio pueblo, en ejercicio de su soberanía y, lógicamente, a través de elección puede sustituirle, conforme a la remisión que hace Viscardo a la enseñanza aragonesa:

"Era pues un artículo fundamental de la Constitución de Aragón que, si el rey violaba los derechos y privilegios del pueblo, el pueblo podía legítimamente extrañarlo, y en su lugar nombrar otro, aunque fuese de la religión pagana".

Sin que expresamente lo afirme Viscardo, queda en su entendimiento de la cuestión la prédica que exige, para la organización del poder, además, su conveniente división, a fin de argüir sobre la razón u origen del despotismo borbónico:

"La reunión de los reinos de Castilla y de Aragón, como también los grandes Estados que al mismo tiempo tocaron por herencia a los reyes de España, y los tesoros de las Indias, dieron a la corona una preponderancia imprevista y tan fuerte, que en muy poco tiempo trastornó todos los obstáculos que la prudencia de nuestros abuelos había opuesto para asegurar la libertad de su descendencia. La autoridad real, semejante al mar cuando sale de sus márgenes, inundó toda la monarquía, y la voluntad del rey y de sus ministros se hizo la ley universal. Una vez establecido el poder despótico tan sólidamente, la sombra misma de las antiguas Cortes no existió más, no quedando otra salvaguardia a los derechos naturales, civiles y religiosos de los españoles que la arbitrariedad de los ministros o las antiguas formalidades de justicia llamadas vías jurídicas. Estas últimas se han opuesto algunas veces a la opresión de la inocencia, sin estorbar por eso el que se verificase el proverbio de que allá van leyes donde quieren reyes".

No por azar, Viscardo apela a los textos de Montesquieu, de cuya fuente bebe, sobre todo para destacar lo paradójico, a saber, que América había ganado en institucionalidad lo que pierde la metrópoli; de donde, su libertad y el rescate de sus derechos, asegurados sobre la base inicial de su organización histórica primitiva –la de los Cabildos y sus comicios– igualmente servirá a la causa de los españoles liberales y les ofrecerá un refugio propicio:

"A pesar de los esfuerzos multiplicados de una falsa e inicua política nuestros establecimientos han adquirido tal consistencia que Montesquieu, aquel genio sublime ha dicho: "Las Indias y la España son potencias bajo un mismo dueño; mas las Indias son el principal y la España el accesorio. En vano la política procura atraer el principal al accesorio; las Indias atraen continuamente la España a ellas".

En síntesis cabe decir que los principios ordenadores constitucionales en Viscardo, que endosa Miranda e incorpora en sus proyectos de 1798 e incluso en el de 1801, réplica del proyecto anterior de gobierno provisorio hecho para la transición revolucionaria y antes de que se forme el gobierno federal, implican, en primer término, el reconocimiento del carácter natural de los derechos del hombre y como basamento de la sociedad política, y a renglón seguido, la asociación entre la idea de la soberanía y el ejercicio de las libertades como fundamento y límites del ejercicio del poder público, siempre sujeto a revocatoria y elección, y apalancada aquella, la asociación sobre un orden representativo –dada la remisión que hace a los fueros aragoneses– y parlamentario:

> *"Una vez establecido el poder despótico tan sólidamente, la sombra misma de las antiguas Cortes no existió más, no quedando otra salvaguardia a los derechos naturales, civiles y religiosos de los españoles que la arbitrariedad de los ministros o las antiguas formalidades de justicia llamadas vías jurídicas".*

El discurso de Viscardo, en su cierre, evoca el contexto internacional favorable y es a la vez una interpelación a la conciencia de los americanos españoles, cuya negligencia denuncia:

> *"El valor con que las colonias inglesas de la América, han combatido por la libertad, de que ahora gozan gloriosamente, cubre de vergüenza nuestra indolencia. Nosotros les hemos cedido la palma, con que han coronado, las primeras, al Nuevo Mundo de una soberanía independiente. Agregad el empeño de las Cortes de España y Francia en sostener la causa de los ingleses americanos. Aquel valor acusa nuestra insensibilidad. Que sea ahora el estímulo de nuestro honor, provocado con ultrajes que han durado trescientos años".*

Llama la atención, y es cuanto importa relevar y repetir en esta exposición, la identidad entre el pensamiento esbozado por Viscardo y Miranda, en sus elementos principistas, más allá de la fórmula federal que este propugna y que a la sazón no niega, en su proyecto, la variada inspiración que le ofrecen otras experiencias, como la relativa a los juicios por jurado que éste propone y demanda sean conformes con "lo estatuido en Inglaterra y en los Estados Unidos de América".[61]

Hago cuenta, más allá de los principios electorales y representativos, fundados en la idea de la soberanía de la nación y de mandatos sujetos a la ley, alternativos y responsables, en dos aspectos que los hacen coincidir obligadamente –por la misma adhesión expresa de Miranda al manifiesto del primero– y revelan la sustancia de sus pensamientos constitucionales: a) Reenviar a la idea de la soberanía y de los fueros inscritos en la Constitución primitiva española; b) Son liberales reformistas; y c) de suyo, proponen un cambio político y constitucional que implique salvaguardar la organización pública primaria e histórica, la municipal, sobre la que se sobrepone el absolutismo monárquico.

Antepara, héroe ecuatoriano, colaborador de Miranda, quien de concierto a éste publica documentos de su archivo –South American Emancipation: Documents, Historical and Explanatory, shewing the Designs witch have been in Progress, and the Exertions made by General Miranda–[62] en modo de informar sobre su pensamiento político y acerca del esfuerzo que realiza para la emancipación americana, aquél los introduce con la amplia exégesis que, comenzando con el discurso de Viscardo, hace James Mill para la revista británica Edinburgh Review en

---

[61] Grases, *Pensamiento político...*, cit., p. 50.
[62] J.M. Antepara, London, R. Juigné, 1810, publicado por Biblioteca Ayacucho con prólogo de Carmen Bohorquez (José María Antepara, *Miranda y la emancipación suramericana*, Colección Claves Políticas de América, 1, Caracas, 2006).

enero de 1809 y que dicho escritor realiza, asimismo, en consulta con el Precursor.

En los párrafos pertinentes, Mil observa lo siguiente:

"En el momento en que cese la autoridad española en América del sur... ¿qué elementos de organización y gobierno quedan aún en el país, a los cuales se podría oportunamente recurrir para prevenir el desorden, y sobre los cuales podría construirse, con casi ningún riesgo de confusión, una superestructura de gobierno y Libertad?... Los Cabildos, por ejemplo, o lo que quizás debiéramos llamar las corporaciones municipales, permiten una organización tan completa que los mismos reyes de España les han confiado, en ocasiones, todo el gobierno de provincias enteras. Los cabildos de la España fueron constituidos más o menos en la misma época y con los mismos propósitos para los cuales instituciones semejantes se constituían a todo lo largo y ancho de la Europa bajo el nombre de corporations o communautés en Francia, burgs en Holanda, etc.

En ningún país, sin embargo, fue la constitución de esas municipalidades más libre que en España; y en ningún otro país parecen haber adquirido una influencia tan grande sobre el gobierno general".

Una reflexión de fondo si hace Mill y podemos verla como propia de Miranda, obra de su preocupación a la vez que justificativa de sus proyectos constitucionales:

"Es evidente... que en un país de extensión tan vasta como América del Sur [a diferencia de Holanda, que posee 7 municipalidades], y tomando en cuenta sus

grandes divisiones, esto es impracticable [la confederación de municipios para integrar una nación]. Sólo el sistema representativo, puede, en circunstancias como éstas, permitir alguna vez un buen gobierno. Así pues, en lo que respecta a la América del sur, el problema es cómo puede ser insertado el sistema representativo en el de los cabildos, y en el sistema de organización que ya está enraizado en el país".

¿Qué principio se esgrime, entonces?:

"Hay un peligro en el caso de hacer demasiado amplia la base de la representación. Hay otro riesgo en hacerla muy estrecha. Si se la hace muy amplia, uno incurre en las inconveniencias de las ignorantes y precipitadas pasiones de los poco educados. Si se la hace muy estrecha, uno incurre en algo que es todavía peor: los males del soborno y la corrupción... La dificultad, no obstante, podría superarse estableciendo asambleas provinciales, para la elección de cuyos miembros podrían votar casi todos los habitantes, mientras que la grande legislatura nacional sería elegida sólo por los miembros de los cabildos".

Y en cuanto al nombramiento del primer magistrado, la enseñanza, consistente con el pensamiento mirandino es clara:

"llámese rey, cónsul, inca, o cualquier nombre que prefiera el gusto público, [es a él] a quien le serían confiados aquellos asuntos que requiriesen decisión inmediata, y que una asamblea numerosa no podría llevar a cabo".

Sea en Picornell, en Viscardo, o en Miranda, en fin, consta en la misma nota que éste dirige a los holandeses en calidad de Teniente General y comandante de las tropas francesas en Maestricht, explicándoles, en 1793, la razón de su acción militar y que es, justamente, "restablecer la soberanía nacional y los derechos sagrados e imprescriptibles del pueblo"; misma que reafirma en 1794 al dirigirse a la Convención Nacional quejándose de su detención: "¿Va a tolerar que los derechos imprescriptibles del hombre y de la humanidad, así como los derechos de las gentes, sean violados en nombre del pueblo francés?". O la que, en 1795, esboza ante el Consejo de los Quinientos, en Francia, en protesta contra el jacobinismo: "el establecimiento de la tiranía siempre comienza por los ataques contra la libertad individual y aquí no importa quién sea el culpable, pero lo cierto es que mis derechos y el acta constitucional han sido violados".

No es otro, en efecto, el objeto liberal que esgrime en su proclama citada de Coro, a la que anexa el discurso de Viscardo: "La recuperación de nuestros derechos como ciudadanos y de nuestra gloria nacional como americanos colombianos serán acaso los menores beneficios que recojamos de esta tan justa como necesaria determinación". O la que, finalmente, dirige al marqués del Toro y al Cabildo de Caracas, en 1808, imponiéndoles de la necesidad de avanzar hacia la emancipación y previéndoles sobre las dificultades que acusan los españoles de la metrópoli en su lucha por la libertad y por defecto de una adecuada organización representativa [las juntas provinciales no fueron elegidas por sus ciudadanos]; en error que también logra advertir entre los franceses, a pesar de ser, según el propio Miranda, más prácticos y sabios. De donde, le envía su bosquejo –asumimos que se trata de sus citados proyectos constitucionales de 1798 y el de 1801, que escribe en Londres– "de organización representativa y de gobiernos para nuestra América, ...formado aquí hace algunos años, y ha merecido la aprobación de varones doctos en la materia, que lo han examinado después, tanto en Inglaterra como en los Estados Unidos de América".

No pierde ocasión Miranda, en este orden, de expresar ante los munícipes de Caracas, su solidaridad intelectual con quienes, como lo hemos expresado y sin menospreciar matices, mantiene identidad constitucional sin solución de continuidad:

"¿Qué diremos, pues, de esa provincia [Venezuela] bajo el yugo de Guevara Vasconcelos, a quien persuadieron sus cooperadores de que unos ciudadanos como Gual, España y otros, por querer reclamar para su patria los derechos y las reformas que todo el pueblo español reclama hoy día con aplauso general, merecían una muerte indigna?".

Lo que es más importante, les recuerda que la separación ideológica constitucional no existe con la metrópolis, sino con el despotismo que hace presa, por igual, de todos los españoles, los de allá y los de acá:

"Procuremos reparar nuestros males trabajando unánimes y con empeño en el particular, siguiendo el buen ejemplo que hoy nos da el pueblo español; y ya que por tanto tiempo le hemos servilmente copiado en sus vicios, imitémoslo ahora con complacencia en sus virtudes, reformando nuestro gobierno americano, y reclamando con dignidad y juicio nuestros derechos e independencia, puntos en mi concepto indispensables y sine qua non".

A manera de epílogo

Grases, en revisión sucinta de los indicados antecedentes de nuestro primer pensamiento constitucional, el de los Padres Fundadores, hace precisiones de inestimable valor, aun cuando en modo alguno apunten hacia la probable identidad intelectual entre los distintos actores de ese tiempo previo a nuestra Emancipación; que no sea, obviamente, la de todos a uno, alcanzarla como objetivo primordial.

Sobre el discurso de Picornell advierte que, sin el mismo, los derechos del hombre y del ciudadano que introduce, y es "aclaración de causas y motivos, caerían [tales derechos] en terreno impreparado, serían ineficaces".

Sobre los proyectos de Miranda, que los aprecia en su finalidad persuasiva ante la Corte inglesa y para alcanzar el apoyo a su acción emancipadora de América, sin ir más allá, los tilda de poco prácticos, incluso fantasiosos, pero "conformado en cierto modo a las doctrinas derivadas del enciclopedismo de la época". No obstante, visionario y Precursor como lo ve, opina que su gesto simbólico, como la frustrada invasión de Coro, "ha adquirido enorme significación en la evolución de Hispanoamérica hacia su libertad", tanto como su manifiesto a propósito de ésta, lo nutre "con ideas expresadas en su segundo proyecto de bases constitucionales, aunque adaptadas a las circunstancias de una acción expedicionaria".

Al término, recoge la importancia del trabajo de Picornell antes explicitado, ya que sus papeles –los de la Conspiración de Gual y España– sí "tuvieron enorme repercusión posterior en la organización de la Independencia" de Venezuela. Según Grases, en efecto, aquellos son estimados entonces, llegada la hora crucial, como el "precedente histórico inmediato, como el antecedente heroico de la liberación del país"; sin que por ello pueda afirmarse, como lo creemos y a la luz de lo antes expuesto, sean el único antecedente intelectual de relevancia en el plano de las ideas y en la sincronía de unas y de otras en su progresividad histórica.

La Constitución Federal para los Estados de Venezuela –nuestro texto inaugural– hecha por los representantes de Margarita, de Mérida, de Cumaná, de Barinas, de Barcelona, de Trujillo y de Caracas, reunidos éstos en Congreso General y otorgada aquélla el 21 de diciembre de 1811, sin mengua de su ideario federal inspirado en la Constitución norteamericana –que en cierta forma refleja el texto mirandino de 1798 y a pesar de que el Precursor se reserva la firma de aquélla– revela en sus aspectos medulares "la ortodoxia revolucionaria francesa, condicionada por el control del poder político por la burguesía, el igualitarismo civil, la supremacía de la ley, la separación de los poderes, y la noción de soberanía", como lo advierte Allan R. Brewer Carías[63].

Pero cabe decir, a modo de colofón, que los patriotas venezolanos propulsores de la emancipación, de conjunto, salvo excepciones, acusan terror a la anarquía y así como auscultan en las leyes primitivas españolas para afirmar la esperanza de libertad que los anima, en otro orden apuestan por la moderación, y en este aspecto el ideario constitucional de Miranda es aleccionador. "Ni bajo el pretexto

---

[63] Allan Randolph Brewer Carías. "Estudio preliminar" a *Las Constituciones de Venezuela*. Coedición de la Universidad Católica del Táchira (Venezuela) y del Centro de Estudios Constitucionales, Madrid, 1985, p. 18

de la libertad, [quiero] ver introducidas allá [en el Continente sur-americano] la anarquía y la confusión", escribe el 10 de enero de 1808. "La revolución de Caracas hará época en los fastos de todas las del mundo por la moderación y la filantropía", reza a su vez el Manifiesto que suscriben a nombre de la Junta de Caracas, en 1810, José de las Llamozas y Martín Tovar Ponte.[64] Las luces, sin embargo, en poco tiempo y por un largo tiempo, serán sustituidas en Venezuela por las espadas.

---

[64] Francisco Javier Yanes. *Compendio de la historia de Venezuela, desde su descubrimiento y conquista hasta que se declaró Estado independiente*. Academia Nacional de la Historia/Editorial Élite, Caracas, 1944, pp. 255-257.

II

EL PENSAMIENTO CONSTITUCIONAL DE VENEZUELA Y EL FACSÍMIL DE LA CONSTITUCIÓN DE 1811

La publicación, por segunda vez, del facsimilar de nuestra primera Constitución, la de 1811, que lleva por nombre –ésta– Constitución Federal para los Estados de Venezuela y cuya edición original se le encomienda al impresor Juan Baillío, a quien Pedro Grases denomina "el impresor de la Independencia", puede significar, para algunos, un hecho sólo importante para bibliófilos. Se trata, en efecto, de un valioso incunable venezolano.[65]

El mismo, editado en su momento para conmemorar el Sesquicentenario de nuestra imprenta pionera y constante de un Estudio preliminar elaborado por el mismo Grases, corresponde al texto original que produjera el propio Baillío en el año segundo de nuestra Independencia, en 1812, en su calidad, como reza al pie de su primera página, de impresor del Supremo Congreso de los Estados-Unidos de Venezuela; nombre éste, el último, el de Estados-Unidos, sugerente, pues los hacedores intelectuales de la Constitución y quien como editor la pone a circular se muestran, probablemente, convencidos de que ella es hija legítima o copia de otra con título similar, la de los Estados Unidos de América.

---

[65] Constitución Federal de Venezuela, 1811. / Estudio preliminar por Pedro Grases. Compañía Shell de Venezuela, [Caracas]: 1958. - 23, 40 p.: il.; 24 cm. Reproducción facsimilar de la edición de 1812 en conmemoración del Sesquicentenario de la Independencia de Venezuela, 1811-1961.

Pero, he aquí la cuestión, la que hace trascender a este documento que fija los orígenes constitucionales de Venezuela y cuyo conocimiento, es decir, la exacta valoración de sus líneas maestras intelectuales, resulta imprescindible para una clara determinación de nuestra identidad nacional. Porque, al fin y al cabo, toda Constitución es un ser sin mengua del deber ser que contiene, en sus aspectos programáticos. Y algunos tachan a la de 1811 señalándola de mero reflejo normativo de moldes constitucionales ajenos y refundidos, el americano y el francés de finales del siglo XVIII.

¿Somos acaso, como lo diría Octavio Paz, hijos de una mentira constitucional?

"Nuestras mentiras reflejan, simultáneamente, nuestras carencias y nuestros apetitos, lo que no somos y lo que deseamos ser. Simulando, nos acercamos a nuestro modelo...", dice el eximio escritor mexicano fallecido, quien fuera Premio Cervantes (1981) y Premio Nobel (1990); que lo hace también para diferenciar entre un actor y un simulador, pues el primero asume la ficción para luego abandonarla, en tanto que, tratándose de éste, en palabras del mismo Paz "la mentira se instala en su ser y se convierte en el fondo último de su personalidad".

Y si somos una mentira desde la hora de nuestros orígenes republicanos, ¿cómo explicar que desde otros puntos fuésemos observados como modelo luego de que nosotros mismos lo enterrásemos con vesania?

El maestro Grases, a manera de ejemplo, antes de recordar la influencia que, según Parra Pérez, ejerce el movimiento de las Provincias venezolanas sobre el Continente y que se explica en haber formado los próceres de 1810 y 1811 [con sus documentos oficiales] "el cuerpo de la doctrina revolucionaria", señala que la Constitución de 1811 es reimpresa en Guatemala hacia 1923, en texto que conoce por "amabilidad del excelente amigo coronel don Tomás Pérez Tenreiro" [66]. Sus palabras son indicativas:

"La reproducción de un texto legal histórico obedecería, sin duda, a un propósito patriótico en el ánimo de los políticos y gobernantes centroamericanos: el de informar a los legisladores acerca de una Constitución que podía servir de antecedente en la historia de las ordenaciones legales del Continente en vías de emancipación", explica.

ENTRE LAS LUCES Y LAS SOMBRAS

Una vez como cae la Primera República y ocurre la célebre traición al Precursor Francisco de Miranda, desde Cartagena de Indias, Simón Bolívar, titulado El Libertador, escribe su Manifiesto del 15 de julio de 1812. Mientras la ley de la conquista militar busca, así, abrogar nuestra obra constitucional pionera y de base confederada, adoptada por el Congreso General el 21 de diciembre anterior como realizada por hombres de levita: diputados en buen número egresados de la Real y Pontificia Universi-

---

[66] Grases, Pedro, 1909-2004.: *La imprenta en Venezuela* II. *Estudios y monografías.*/ Pedro Grases. - 1ª· ed. - Caracas: Editorial Seix Barral, Caracas – Barcelona – México. 1982. - 1 v.: il.; 23 cm. - Obras / Pedro Grases; 9. - Grases, Pedro, 1909-2004. Obras; 9. Incluye índices de ilustraciones y de personas, lugares, instituciones y títulos, p. [473]-502.; y Referencias Bibliográficas. ISBN: 8432295612 (Rústica) 8432295620 (Tela) 843229 5671 (Rústica) 843229568X (Tela). Véase: pp. 247-249.

dad de Santa Rosa de Lima y Santo Tomás de Aquino[67], Bolívar, en su panfleto, se ocupa de prosternarla:

"Pero lo que debilitó más el Gobierno de Venezuela, fue la forma federal que adoptó, siguiendo las máximas exageradas de los derechos del hombre, que autorizándolo para que se rija por sí mismo rompe los pactos sociales, y constituye a las naciones en anarquía. Generalmente hablando, todavía nuestros conciudadanos no se hallan en aptitud de ejercer por sí mismos y ampliamente sus derechos; porque carecen de las virtudes políticas que caracterizan al verdadero republicano: virtudes que no se adquieren en los gobiernos absolutos, en donde se desconocen los derechos y los deberes del ciudadano... Es preciso que el gobierno se identifique, por decirlo así, al carácter de las circunstancias, de los tiempos y de los hombres que lo rodean. Si éstos son prósperos y serenos, él debe ser dulce y protector; pero si son calamitosos y turbulentos, él debe mostrarse terrible, y armarse de una firmeza igual a los peligros, sin atender a leyes ni constituciones, ínterin no se restablecen la felicidad y la paz...Yo soy de sentir que mientras no centralicemos nuestros gobiernos americanos, los enemigos obtendrán las más com-

---

[67] *Vid., Calendario manual y guía universal de forasteros en Venezuela, para el año 1810*. Estudio preliminar por Pedro Grases, p. X-XIII.- Banco Central de Venezuela, Caracas: 1968. - xxix, 64 p.: facsím.; 17 cm. Edición Facsimilar de la hecha en Caracas por la Imprenta de Ghallager y Lamb. Homenaje del Banco Central de Venezuela al periódico Correo del Orinoco, al cumplirse el sesquicentenario de haber iniciado su publicación en la ciudad de Angostura, el 27 de junio de 1818.

pletas ventajas; seremos indefectiblemente envueltos en los horrores de las disensiones civiles, y conquistados vilipendiosamente por ese puñado de bandidos que infestan nuestras comarcas. Las elecciones populares hechas por los rústicos del campo, y por los intrigantes moradores de las ciudades, añaden un obstáculo más a la práctica de la Federación entre nosotros... El espíritu de partido decidía en todo y, por consiguiente, nos desorganizó más de lo que las circunstancias hicieron. Nuestra división y no las armas españolas, nos tornó a la esclavitud", afirma.

Nuestra doctrina es conteste en cuanto a la influencia intelectual inevitable que ejercen en su tiempo las revoluciones americana y francesa, de 1776 y 1789, respectivamente, sobre la conformación constitucional de nuestra primera república liberal[68]; sea, en cuanto a la primera, para su ingeniería institucional, sea, desde la segunda, en el enunciado de su parte dogmática o relativa a los derechos y libertades. Ha lugar, de tal modo y como lo precisa Allan R. Brewer Carías, a "la primera Constitución repu-

---

[68] *Vid. in extensu* a José Ignacio Hernández, "A manera de prólogo: El pensamiento constitucional de Juan Germán Roscio y Francisco Javier Yanes", en la obra Documentos constitucionales de la independencia de Venezuela 1811 = Constitutional documents of the independence of Venezuela 1811: documentos oficiales interesantes relativos a las provincias unidas de Venezuela = Edición facsimilar de Interesting official documents relating to the united provinces of Venezuela & Co., London 1812 / Estudio Preliminar y edición a cargo de: Allan R. Brewer-Carías. - 1ª. ed. Editorial Jurídica Venezolana, - Caracas: 2012 - 637 p. Colección Textos legislativos; 52. ISBN: 9789803651770. Véase: pp. 1-57.

blicana del mundo moderno después de la Constitución de los Estados Unidos de América de 1787, y de la Constitución de la Monarquía Francesa de 1791".[69]

¡Y es que tal influencia era inexcusable para la época y en quienes, desde distintas partes del mundo, beben de las fuentes de la Ilustración!

"A pesar de todo el desencuentro que acompañó el proceso constituyente venezolano y gaditano [se refiere al de 1812 que da origen a la Constitución liberal española, llamada La Pepa], sin embargo, lo cierto fue que estuvieron influidos por los mismos principios del constitucionalismo moderno que habían derivado de las Revoluciones francesa y americana", precisa Brewer Carías.[70]

En efecto, incluso dentro de su modelo monárquico, la Constitución Política de la Monarquía Española adoptada en sede de las Cortes Generales y Extraordinarias reunidas en el puerto citado, admite lo señalado por voz de Agustín de Argüelles. Su Discurso Preliminar es revelador:

"Nada ofrece la Comisión en su proyecto que no se halle consignado del modo más auténtico y solemne en los diferentes cuerpos de la legislación española... Pe-

---

[69] Allan R. Brewer Carías, "La independencia de Venezuela y el inicio del constitucionalismo hispanoamericano en 1810-1811, como obra de civiles, y el desarrollo del militarismo a partir de 1812, en ausencia de régimen constitucional", en *Historia Constitucional*, n. 14, 2013, p. 416 (http://www.historiaconstitucional.com.)

[70] Allan R. Brewer-Carías, "Crónica de un desencuentro: Las provincias de Venezuela y las Cortes de Cádiz (1810-1812), en: *Revista de Derecho Público*, n. 84, UNED, Mayo-Agosto de 2012, p. 221.

ro al mismo tiempo no ha podido menos de adoptar el método que le pareció más análogo al estado presente de la nación, en que el adelantamiento de la ciencia del Gobierno ha introducido en Europa un sistema desconocido en los tiempos en que se publicaron los diferentes cuerpos de nuestra legislación, sistema del que no es ya posible prescindir absolutamente...".[71]

El cuestionamiento bolivariano –que ancla en lo coyuntural, a saber y como lo creemos, la necesaria organización militar para la defensa de la Independencia, en tesis de defensa de la fuerza del Poder Ejecutivo que, se afirma[72], comparte El Libertador con el Precursor– parece sugerir ese ánimo copista señalado de nuestro primer constituyente, junto a su divorcio supuesto con las realidades dominantes:

---

[71] Constitución política de la monarquía española promulgada en Cádiz a 19 de marzo de 1812 (Edición facsimilar), Imprenta Real, Cádiz, 1812, pp. 2-3

[72] "Miranda se aferraba aun tenazmente a su proyecto, que ponía la suprema autoridad ejecutiva en manos de dos incas y preveía un dictador en caso de necesidad extrema. Es muy probable que Bolívar alentara ya [durante los debates constituyentes] la idea de que la Constitución Federal de los Estados Unidos no era adecuada para Venezuela". Robertson, William Spence, 1872-1955.: La vida de Miranda / William Spence Robertson; traducción original de Julio E. Payró. Edición revisada y compulsada por Pedro Grases.- Banco Industrial de Venezuela, Caracas: 1967. - 491 p., [24] p. de láms.: il., facsíms., planos, retrs.; 25 cm. Incluye referencias bibliográficas e índices. Bibliografía: p. [453]-468. Véase: p. 362.

"Los códigos que consultaban nuestros magistrados no eran los que podían enseñarles la ciencia práctica del gobierno, sino los que han formado ciertos buenos visionarios que, imaginándose repúblicas aéreas, han procurado alcanzar la perfección política, presuponiendo la perfectibilidad del linaje humano", sostiene Bolívar.

Dos preguntas, pues, son cruciales y han de encontrar una respuesta precisa, si, en efecto, de diluir nuestra mentira existencial como nación se trata: Una, relativa a la fatalidad de la centralización autoritaria de nuestros gobiernos –como lo pide el propio Bolívar y se hace vicio a lo largo de toda nuestra historia dictatorial, en medio de intersticios de libertad– haciéndole perder a la Independencia, en la práctica, su legitimidad y razón de ser; otra, concerniente a la falta o ausencia de "contradicción", vale decir, de decantación de las enseñanzas de la Ilustración recibidas e inevitables y su posterior inserción en la cultura dominante o en fragua hasta hacerla inherente, encarnada, anclaje de una nacionalidad reconducida y con fines de apropiación legítima.

Cristóbal L. Mendoza, en su estudio introductorio de la obra de Parra-Pérez (*Historia de la Primera República de Venezuela*), sin mengua de señalar que en el trabajo de redacción normativa nuestros constituyentes pioneros apelan a las enseñanzas de Norte América –"[l]os legisladores venezolanos fundieron en uno solo los tres textos fundamentales de la Constitución de los Estados Unidos, dándoles nueva estructura"– admite, no obstante, que no se trataba de un ensayo sobre una realidad impermeable al sistema federal. Muy por el contrario.

El propio Mendoza, antes de elogiar el centralismo bolivariano, señala que:

"Aparte de los peligros que veían en el desproporcionado poderío de la provincia de Caracas, los representantes de las demás reclamaban con vehemencia su propia autonomía. En esto los representantes regionales no hacen sino continuar la tradición colonial, aun cuando se haya dicho, sin fundamento, que el federalismo de los constituyentes de 1811 era tan solo una imitación de los Estados Unidos. Ningún sentimiento, ninguna aspiración, tuvieron un carácter más genuinamente autóctono que ese de los diputados de las Provincias del interior cuando se negaron a todo avenimiento que entrañase el predominio de Caracas".[73]

A. *Somos federales, desde antes*

Ciertamente, desde cuándo se funda el primer cabildo venezolano en Coro, en 1527, y a medida en que se expande la vida municipal hacia las otras ciudades del país y se forman como organizaciones territoriales de mayor portada y adscripción de éstas a las Provincias, la primera de las cuales nace en 1527 –la de Margarita– Venezuela apenas alcanza su unidad y centralización hacia 1777, bajo la Capitanía General de Venezuela.

---

[73] En: Parra-Pérez, Caracciolo: *Historia de la primera República de Venezuela* / Caracciolo Parra-Pérez; Estudio preliminar, Cristóbal L. Mendoza. - Biblioteca Ayacucho, Caracas: 1992. - li, 623 p.; 24 cm. - Biblioteca Ayacucho; 15. Incluye bibliografía, cronología e índice. ISBN: 9802761931 (empastada). Véase: p. XXVII.

Hasta entonces, las provincias de Margarita, Caracas o Venezuela, Trinidad, Guayana, Nueva Andalucía o Cumaná, Maracaibo, la última de las cuales es fundada en 1676, todas a una disfrutan de una autonomía de hecho; más allá de la convergencia en el idioma y la legislación de Indias que comparten, y dado que sus centros de poder y adscripción se mantienen distantes: la Real Audiencia de Santo Domingo y el Virreinato de la Nueva Granada, alternativa o conjuntamente.[74]

Así, cuando prende el espíritu emancipador, la experiencia del control hegemónico sobre esas realidades humanas en forja es extraño y apenas dura, si acaso, una generación y algo más –apenas 31 años– en medio de las tres centurias recorridas bajo el gobierno de la Península.

Andrés Bello hace crónica en 1810, al escribir sobre nuestra historia de conquistas y colonias, incluso sobre el desigual crecimiento de unas entidades que adquieren consistencia progresiva mirándose ellas a sí mismas y hacia adentro, entre tanto otras son apenas meras promesas:

> "Mientras los gobernadores y los ayuntamientos de las gobernaciones de Caracas y Cumaná entendían en los medios para dar a sus jurisdicciones una consistencia política…; se hallaba todavía en su infancia al sur de ambas provincias una que debería formar algún día la porción más interesante de la Capitanía General de Caracas".[75]

---

[74] *Calendario manual…*, *Op. cit.*, pp. 20-21 (Texto atribuido a don Andrés Bello).
[75] *Ídem*, p. 39.

En consecuencia, carece de asidero sociológico e histórico –por lo visto– la explicación del Padre de la Patria en cuanto a que los diputados de 1811 son unos "buenos visionarios" que imaginan "repúblicas aéreas" y olvidan que los gobiernos han de adecuarse "al carácter de las circunstancias, de los tiempos y de los hombres que lo rodean". El conocimiento vital de éste, a la par de encontrarse condicionado desde antes –es lo que lo determina– por la urgencia sobrevenida, a saber, la unidad para la guerra y lo imprescindible de que se forme una organización militar tutelar para la república que se espera formar, lo llena sólo la memoria de la Capitanía General; pero es, como cabe repetirlo, un instante no mineralizado sobre la realidad disuelta, territorial y de poder establecidos, incluso con sus castas y privilegios señoriales característicos de los siglos que corren desde la hora misma de nuestra Conquista.

No se trata de una conclusión filatera. Yajaira Freites, investigadora de la Venezuela colonial, afirma, en consonancia con lo señalado, que esta tuvo "su particularidad. Por una parte, no se puede hablar en *stricto sensu* de una sociedad colonial venezolana, sino de varias, por lo menos de seis, correspondientes a las provincias de Maracaibo, Guayana, Margarita, Trinidad (hasta 1793), Nueva Andalucía o Cumaná y Venezuela o Caracas que se organizaron y existieron de forma independiente en el territorio de Tierra Firme, entre 1492 y 1776".[76]

---

[76] Freites, Yajaira: "Conocimiento y técnica en la Venezuela de la Ilustración: Una aproximación", p. 141-161.
En: Soto Arango, Diana; Miguel Ángel Puig-Samper; Luis Carlos Arboleda (Editores): La Ilustración en América Colonial:

Y en igual línea de pensamiento ajusta, que:

"las seis provincias en tanto parte del imperio español eran colonias periféricas (Burkholder & Johnson[77],

---

bibliografía crítica / editores, Diana Soto Arango, Miguel Ángel Puig Samper y Luis Carlos Arboleda (editores).- Madrid: Consejo Superior de Investigaciones Científicas (CSIC). Ediciones Doce Calles, Colciencias. D.L. 1995. 238 p.: il.; 24 x17 cm. Colección Actas (Ediciones Doce Calles). Incluye bibliografía, referencias bibliográficas e índice. ISBN: 978-84-87111-64-8.

Contiene:

Ilustración, ciencia y técnica en América / Juan José Saldaña.

Las expediciones botánicas al nuevo mundo durante el siglo XVIII / Miguel Ángel Puig-Samper y Francisco Pelayo.

La enseñanza de las primeras letras ilustradas en Hispanoamérica / Olegario Negrín Fajardo.

La enseñanza ilustrada en las universidades de América colonial: estudio historiográfico / Diana Soto Arango.

La ilustración americana en la historiografía argentina / Celina Lértora.

Conocimiento y técnica en la Venezuela de la ilustración / Yajaira Freites.

El desarrollo de las ciencias ilustradas en Cuba / Armando García González.

Fuentes para la historia de la ciencia peruana en Lima, 1700-1821 / Marcos Cueto.

Ciência e ilustração na América / Silvia Figueirôa y Marcia Ferraz.

[77] Burkholder, Mark A. (1943-).: Colonial Latin America / Mark A. Burkholder, Lyman L. Johnson. 2nd ed. -New York: Oxford University Press, 1994. VIII, 360 p.: il., mapas; 24 cm.

1994). La primera de las particularidades, la segmentación territorial ha dejado su impronta en la escritura de una historia nacional que pretendió –hasta hace poco– inventar la unidad de Venezuela... una creación ilustrada".[78]

No solo ella, el propio Vallenilla Lanz, –apologeta del pensamiento centralista bolivariano– declara sin reservas que "se sigue diciendo que los Constituyentes de 1811, obraron sólo por afán de imitar la Constitución de los Estados Unidos [siendo que] no solo en Venezuela, sino en casi toda la América española, se habló de *federación* y de *confederación* mucho antes de hablarse abiertamente de Independencia"; lo que no le impide confesar, siguiendo a Bolívar e incluso admitiendo que lo anterior corresponde "a nuestras tradiciones españolas y coloniales", que es un error seguir dicha tendencia constitucional. Pero el debate es otro, no así el que sugiere El Libertador al denunciar que nuestras constituyentes obraron al margen de las realidades.

Dice Vallenilla, sin embargo, lo que debió repararse al momento de hacérsele crítica injusta a nuestros Padres Fundadores, quienes miran más allá de las circunstancias:

"[Y] a la voz sonora de federación, que en la mentalidad rudimentaria de nuestros pueblos se confundía con una tendencia igualitaria y comunista, casi toda la América, desde México hasta el Plata, arropó con

---

Burkholder, Mark A.; Lyman L. Johnson.: Colonial Latin América, Oxford University Press, New York. 436 p. Incluye referencias bibliográficas e índices. ISBN: 9780199340484.

[78] *Loc. cit.*

aquella bandera, los impulsos disgregativos, el parroquialismo bárbaro de masas primitivas, en las cuales no había podido surgir aún la de idea de Patria, el sentimiento nacional, que no ha sido en toda la historia del género humano sino el resultado de un lento proceso de integración y de solidaridad social y económica" (Cursivas nuestras).[79]

B. *Somos demócratas e hispanos, desde los orígenes*

En otro orden, la experiencia democrática, para mencionar otro elemento de juicio, se cuece a fuego lento, pero sostenido en el territorio que formará a Venezuela, desde antes de nuestra aurora constitucional.

La Ilustración que se decanta a lo largo del tiempo entre nosotros y se hace presente en 1810, ya argumenta y razona acerca de la nación como depositaria de la soberanía y en defecto de las enseñanzas contenidas en el derecho divino de los reyes. Tal soberanía balbucea desde que, durante la segunda mitad del período colonial, se eligen los cargos de los cabildos entre los hombres libres de cada ciudad[80]. Son esas, junto a la vida propia de las provincias,

---

[79] Vallenilla Lanz, Laureano, 1870-1936.: *Cesarismo democrático y otros textos*. Prólogo, notas, cronología y bibliografía: Nikita Harwich Vallenilla.- Biblioteca Ayacucho, Caracas: 1991, xxxvii + 382. Incluye bibliografía. p. 234

[80] Con la salvedad que bien hace Arturo Sosa A. S.J., al señalar que "[e]l Cabildo colonial era, entonces, "democrático" en un sentido muy distinto al que hoy podemos entender y aspirar. Era "democrático" en el mismo sentido que podían serlo las Ciudades-repúblicas antiguas o del renacimiento, en las que sólo ejercían derechos los estamentos superiores, manteniendo

en efecto, las bases que le sirven de apoyo al edificio constitucional que levantan nuestros Padres Fundadores civiles –entre quienes cuentan Juan Germán Roscio, Miguel José Sanz, Francisco Javier Ustáriz, Francisco Javier Yanes, entre otros tantos[81]– y que si bien dura poco, sus principios ordenadores encuentran terreno fértil luego, en la primera Constitución de la República de Venezuela que se dicta en 1830, siendo la segunda en mayor vigencia después de la Constitución de 1961, inaugural de la república civil que fenece en 1999.

No huelga reseñar, al respecto, que el Acta del Ayuntamiento de Caracas que proclama la Independencia venezolana se anticipa al discurso del propio Argüelles y hace constar tanto como él que quienes la suscriben, en primer término, el renunciante Capital General Vicente de Emparan, reivindican los "derechos de la soberanía… conforme a los a los mismos principios de la sabia constitución primitiva de la España…".[82]

---

otras clases en absoluta subordinación como esclavos o plebeyos".
En "El poder municipal en el proceso histórico venezolano", *Revista SIC*, Volumen 42, n. 415, 1979, pp. 203-204.

[81] *Vid.* supra, nota de pie de página 4.

[82] *Vid. in extensu*, en cuanto a esto y lo que sigue nuestro libro: Aguiar, Asdrúbal, 1949.: *Libertades y emancipación en las Cortes de Cádiz de 1812* / Asdrúbal Aguiar. Editorial Jurídica Venezolana, Caracas: 2012. - 211 p. 23 cm. (Cuaderno de la Cátedra Fundacional Dr. Charles Brewer Maucó sobre *Historia del Derecho en Venezuela*, Universidad Católica Andrés Bello; n. 3). Incluye referencias bibliográficas. ISBN: 9789803651671. Véase: pp. 182 y ss.

Todavía no se reúnen las Cortes de Cádiz, pues, cuando desde Caracas, al instalarse la Junta Suprema de Venezuela el 19 de abril de 1810 y hacerlo para la conservación de los derechos de Fernando VII, el acta ya referida que levanta el Ayuntamiento[83] se justifica en el cautiverio del monarca y "por haberse disuelto la junta que suplía su ausencia en todo lo tocante a la seguridad y defensa de sus dominios invadidos por el Emperador de los franceses". Textualmente, en sus partes pertinentes, argumenta su decisión así:

> "Y aunque, según las últimas o penúltimas noticias derivadas de Cádiz, parece haberse sustituido otra forma de gobierno con el título de Regencia, sea lo que fuese de la certeza o incertidumbre de este hecho, y de la nulidad de su formación, no puede ejercer ningún mando ni jurisdicción sobre estos países, porque ni ha sido constituido por el voto de estos fieles habitantes, cuando han sido ya declarados, no colonos, sino partes integrantes de la Corona de España, y como tales han sido llamadas al ejercicio de la soberanía interina, y a la reforma de la constitución nacional; y aunque pudiese prescindirse de esto, [omissis] no pueden valerse a sí mismos los miembros que compongan el indicado nuevo gobierno".

En cuanto a lo indicado, véase *Textos oficiales de la primera República de Venezuela*. Presidencia de la República, Caracas: 1983. vol. 1.: facsíms.; 23 cm. "Bicentenario del natalicio del Libertador". Véase: pp. 99-103

[83] *Loc. cit.*

A juicio de los actores del 19 de abril, la circunstancia de suyo impone una vuelta al derecho natural, que funda la acción conservadora y de defensa que en su beneficio ejercen al momento las colonias americanas, que dejan de ser tales por reconocerlo la misma Junta Central española disuelta y su derivado, la Regencia.

En el acta de proclamación sus suscriptores dejan constancia de fidelidad a D. Fernando VII y reivindican para el pueblo una llamada "soberanía interina", que entienden así:

"[E]l derecho natural y todos los demás dictan la necesidad [*omissis*] de erigir en el seno mismo de estos países un sistema de gobierno que supla las enunciadas faltas, ejerciendo los derechos de la soberanía, que por el mismo hecho ha recaído en el pueblo, conforme a los mismos principios de la sabia constitución primitiva de la España, y a las máximas que ha ensenado y publicado en innumerables papeles la junta suprema extinguida".

No es del caso reiterar cuanto arguyen los patriotas venezolanos para sostener su separación de los gobiernos constituidos en España y que en lo inmediato recalan en Cádiz con vistas a la celebración de las Cortes Generales y Extraordinarias. Varios documentos de la época son ilustrativos y reveladores.

El que dirige la Junta Suprema de Venezuela a los cabildos de las capitales de América el 18 de mayo recuerda que "si el pueblo español ha creído necesario recobrar sus antiguas prerrogativas, y la augusta representación nacional de sus cortes para oponer una barrera a la desordenada y progresiva arbitrariedad del ministerio... –se refieren al fracaso de la Junta Central de la península– [i]guales son nuestros motivos para imitar las nobles tentativas de nuestros hermanos de Europa". Seguidamente, el 3 de mayo expone a la Regencia y a la Junta Superior de Gobierno de Cádiz, por separado, una vez como la primera pide de Caracas reconozca el nombrado tribunal de Regencia como "*legítimo depositario de la soberanía española*", su criterio en cuanto a la legitimidad con la que pretenden presentarse.

Al respecto, el argumento contestatario es preciso y lo fundan sus redactores en la misma legislación española: "unas y otras, [de tales diversas corporaciones] sólo se asemejan en atribuirse, todas, una delegación de la soberanía que, no habiendo sido hecha ni por el Monarca reconocido, ni por la gran comunidad de españoles de ambos hemisferios, no puede menos de ser absolutamente nula, ilegal, y contraria a los principios sancionados por [aquélla]…".

De allí que, más tarde, se pregunte a sí y ante los venezolanos la Junta caraqueña, en los mismos términos en que lo hace la Junta de Cataluña: ¿quién había concedido a la Junta Central el privilegio de trasmitir la autoridad a las manos que quisiese?, ¿dónde se hallaba la voluntad expresa de la nación que se lo permitía?[84]

En cuanto la Regencia, la Junta de Caracas vuelve y le pregunta otra vez: "¿Han precedido las cortes nacionales, en quienes únicamente reside el poder legislativo necesario para establecer la constitución provisoria, que debe administrar la nación en los interregnos?"

---

[84] *Textos oficiales*, *op. cit.*, pp. 130 y 239.

A la par, invitada como es la Junta mencionada a la elección de individuos para completar la Junta Central y también para formar Cortes, vuelve a preguntarse "¿[q]ué sufragio libre, qué representación pueden imaginar VV.EE. que exista jamás en unos diputados elegidos por los cabildos americanos, estos cuerpos que el ministerio español se ha empeñado siempre en vejar, en deprimir, en despojarlos de la confianza pública y en someterlos a la vara ignominiosa de sus agentes?"[85]

Las quejas las sintetiza la Junta venezolana esgrimiendo que la Junta Central, que carece del poder legislativo de la nación, mal puede usurpar a las Cortes erigiendo en su defecto un Consejo de Regencia; que la Regencia, en todo caso, es propia, según la ley de partida, para el gobierno en el supuesto de un rey menor o demente; que la América no tiene representante ni en dicha Junta ni en la Isla de León, aun encontrándose expedita para celebrar la asamblea nacional junto a sus hermanos.

Lo que es más importante y revela la Junta de Caracas en su bando de 8 de noviembre dirigido a los habitantes de Venezuela, es que si acaso adhiere en un principio a la Junta Central de Aranjuez, a pesar de su ilegitimidad por ser desconocida su figura en la constitución española, habiéndole reconocido ésta y luego la Regencia a los españoles americanos igualdad de derechos frente a los españoles peninsulares, mal pueden aceptar aquéllos verse en minusvalía al invitárseles a la formación de Cortes: "[E]l nuevo Consejo –se lee en el manifiesto caraqueño en cuestión– ...os convida a las Cortes: la Junta os hizo el

---

[85] *Ídem*, pp. 131-132.

propio convite... Él promete unas Cortes imaginarias..., él inclina la balanza de poder a los diputados de Europa".

La queja no es vana. En efecto, los venezolanos advierten que una vez como se les reconoce igualdad desde Aranjuez, sucesivamente se les prohíbe leer los documentos que conoce y llegan a la España peninsular, se les impide dirigir sus propias operaciones y reglar sus asuntos, y se les obstaculiza un comercio más liberal.[86]

En su citada representación a la Regencia, de 3 de mayo, en fin, la Junta rechaza se le humille al reconocérsele "el derecho de nombrar sus representantes para las Cortes de la nación", y la vez "reducirlo en la América...; a establecer una tarifa para los diputados europeos y otra diferentísima para los americanos, con la sola mira de negarles la influencia que se debe a su actual importancia y población".[87]

No obstante, lo que cabe subrayar, por una parte, es la exigencia por los caraqueños de derechos –soberanía nacional, igualdad, libertad de comercio– que luego consagra paladinamente la Constitución de 1811 y la Constitución de Cádiz de 1812; y por la otra, que en abono de su reclamo hacen propia y de modo anticipado la tesis gaditana que propone, como consecuencia del vacío del poder monárquico y en defecto del absolutismo, una vuelta a las antiguas constituciones españolas, de neta estirpe democrática y representativa.

---

[86] *Ibíd.*, p. 245. En el bando de 1° de mayo de 1810 la Suprema Junta de Caracas acuerda la libertad de agricultura y comercio con los países amigos y neutrales, *ídem*, pp. 124-125.

[87] *Ib.*, pp. 132-133.

"Entre los pueblos y el jefe de su Gobierno hay un mutuo contrato al cual, si contraviene alguna de las partes contratantes puede la otra separarse justamente. No es necesario manifestar la verdad de esta proposición –explican los juntistas de Caracas– analizando menudamente los principios de este establecimiento social y sólo bastará dar un recuerdo sobre la antigua Constitución española, sobre la fórmula del memorable y sagrado juramento de Aragón y, lo que, es más, sobre la de aquél con que los Centrales recibieron la investidura de representantes y jefes de la nación el 25 de septiembre de 1808". "Vínculos más estrechos –continúa el relato– ligaban a la nación con el anterior gobierno y todos se rompieron cuando, abandonada de sus autoridades, se recató a sí misma de las manos de un usurpador extranjero y empezó a existir de nuevo".[88]

Mendoza, en fin, en su Estudio Preliminar citado es igualmente conteste y concluyente en cuanto a lo anterior, al referirse al pensamiento constitucional dominante para 1811, en cuanto el apoyo que aún buscan en las fuentes hispanas nuestros ilustrados a fin de apuntalar su labor constituyente:

> "[S]e ha proclamado y sostenido la autonomía de la Provincia fundándola en la soberanía inmanente del pueblo alegada a la propia faz del Soberano, como un principio irrenunciable e imprescindible; se ha implantado, por último, un sistema de Gobierno representativo, federal, electivo, alternativo y responsable, basado en el sufragio de todas las clases libres de la población y en la elegibilidad de todos los ciudadanos, sistema

---

[88] *Ib.*, pp. 239-240.

que ha quedado solemnemente sancionado con la instalación del mismo Congreso. Dentro de la fórmula del reconocimiento de la soberanía utópica del monarca español, indispensable para dar un fundamento estrictamente jurídico al Gobierno y desvanecer los temores y los escrúpulos de muchos, la desconfianza de las Provincias celosas de su autonomía y las posibles reacciones en el seno de las masas misoneístas y temerosas del predominio de los blancos criollos, dentro de esa fórmula, decimos, se habían expuesto y practicado, con una precisión ejemplar, las más democráticas doctrinas y teorías constitucionales que, aunque basadas en parte en las propias tradiciones hispanas, eran radicalmente incompatibles con el régimen absolutista de la Monarquía borbónica".[89]

LA CONSTITUCIÓN FEDERAL PARA LOS ESTADOS DE VENEZUELA

El texto constitucional de 1811, que en facsimilar ahora es reimpreso, consta de 227 disposiciones, divididas en nueve capítulos, precedidos de un Preliminar, a saber, el de la religión, sobre el poder legislativo, el poder ejecutivo, el poder judicial, las provincias, la revisión y reforma de la Constitución, su sanción o ratificación, los derechos del hombre, y las disposiciones generales.

Gil Fortoul, a pesar de lo señalado por nosotros, sostiene que "el nuevo régimen que ella [la Constitución] im-

---

[89] Cristóbal L. Mendoza, "Estudio preliminar", en la obra de Caracciolo Parra Pérez, *Historia de la Primera República de Venezuela*, Biblioteca Ayacucho, Caracas, 1992, p. XVIII.

planta no es realmente desarrollo necesario ni perfeccionamiento armónico de la organización social y política que se mantuvo aquí durante los tres siglos de dominación española."[90] Lo cual es cierto, pero matizada tal afirmación –la de Gil Fortoul quien agrega que "no es en sus partes esenciales una etapa lógica en el movimiento político del pueblo venezolano"– visto que, por una parte, si bien Francisco Xavier Ustáriz dice (según el acta de 20 de julio)[91] que desde que fuera designado para redactar la Constitución junto a los diputados Gabriel de Ponte y Juan Germán Roscio[92], no encontraba asidero para tirar sus primeras líneas, las encuentra en la declaratoria de la In-

---

[90] Gil Fortoul, José, 1861-1943.: *Historia constitucional de Venezuela* / José Gil Fortoul. - 5ª. ed. Ediciones Sales, Caracas: 1964. - 3 vol.: il.; 22 cm. Incluye índice. vol. 1 *La colonia. La independencia. La gran Colombia*- vol. 2 *Reconstitución de la República. La oligarquía conservadora*- vol. 3 *La oligarquía liberal.* Véase: I, 1964, p. 252.

[91] *Vid.* Venezuela. Congreso: *El libro nacional de los venezolanos: actas del Congreso Constituyente de Venezuela en 1811: orígenes de la República.* Tip. Americana, Caracas: 1911. - xiii, 436 p. il. 31 cm. Publicación oficial acordada por el general Juan Vicente Gómez, presidente de Venezuela. Véase: p. 115.

[92] Parra Pérez, Caracciolo, 1888-1964.: *Historia de la primera República de Venezuela* / C. Parra-Pérez. Tipografía Americana, Caracas: 1939. - 2 vol.: [1] mapa pleg.; 24 cm. Incluye referencias bibliográficas e índice y referencias bibliográficas. vol. 1 *Miranda y los orígenes de la revolución. La Junta de abril* - vol. 2 *El Congreso Federal. El generalísimo.* En esta obra Caracciolo Parra-Pérez señala, en defecto de lo dicho, que "para trabajar en la Constitución reuniéronse Miranda, Sanz, Paúl, Ponte, Roscio y Uztáriz, nombrados a tal fin en la sesión del 16 de marzo".

dependencia[93], y por la otra, como también lo admite el autor, el constituyente "al combinar los principios de una [la Constitución norteamericana] y otra [la declaración francesa de los derechos del hombre] en la carta venezolana, más de una vez los modifica sustancialmente".[94]

A. *Los principios compartidos*

La cuestión, entonces, no es la relativa a las incidencias que tienen en nuestra Constitución pionera las enseñanzas extranjeras. Como Brewer los resume y cabe anotarlo, son comunes a los procesos constituyentes de la época –los que tienen lugar en Caracas y en Cádiz, a manera de ejemplos, ambos iniciados en 1810, concluyendo el primero en 1811 y el último en 1812– los siguientes principios:[95]

a) "En primer lugar, la idea de la existencia de una Constitución como carta política escrita, emanación de la soberanía popular, de carácter rígida, permanente, contentiva de normas de rango superior, inmutable en ciertos aspectos y que no sólo organiza al estado, es decir, no sólo tiene una parte orgánica, sino que también tiene una parte dogmática, donde se declaran los valores fundamentales de la sociedad y los derechos y garantías de los ciudadanos. Hasta el tiempo de las Revoluciones, esta idea de Constitución no existía".

---

[93] José Gil Fortoul, *op. cit.*, p. 255.
[94] *Ibíd.*, p. 254.
[95] Allan Brewer Carías, "Crónica de un desencuentro…", *cit.* supra, pp. 221-225.

b) "En segundo lugar, de esos dos acontecimientos surgió también la idea política derivada del nuevo papel que a partir de esos momentos históricos se confirió al pueblo, es decir, el papel protagónico del pueblo en la constitucionalización de la organización del estado. Con esas Revoluciones la Constitución comenzó a ser producto del pueblo, dejando de ser una mera emanación de un Monarca".

c) "En tercer lugar, de esos dos acontecimientos políticos resultó el reconocimiento y declaración formal de la existencia de derechos naturales del hombre y de los ciudadanos, con rango constitucional, y, por tanto, que debían ser respetados por el estado. La libertad se constituyó, con esos derechos como un freno al estado y a sus poderes, produciéndose, así, el fin del estado absoluto e irresponsable".

d) "En cuarto lugar, además, dentro de la misma línea de limitación al Poder Público para garantizar la libertad de los ciudadanos, las Revoluciones francesa y americana aportaron al constitucionalismo la idea fundamental de la separación de poderes".

e) "En quinto lugar, de esos dos acontecimientos políticos puede decirse que resultaron los sistemas de gobierno que han dominado en el mundo moderno: el presidencialismo, producto de la Revolución americana; y el parlamentarismo, como sistema de gobierno que dominó en Europa después de la Revolución francesa, aplicado en las Monarquías parlamentarias".

f) "En sexto lugar, las Revoluciones americana y francesa trastocaron la idea misma de la función de impartir justicia, la cual dejaría de ser administrada por el Monarca y comenzaría a ser impartida en nombre de la nación por funcionarios independientes".

g) "En séptimo lugar, de esos dos acontecimientos revolucionarios surgió una nueva organización territorial del estado, antes desconocida. en efecto, frente a las Monarquías absolutas organizadas conforme al principio del centralismo político y a la falta de uniformismo político y administrativo, esas Revoluciones dieron origen a nuevas formas de organización territorial del estado, antes desconocidas, que originaron, por una parte, el federalismo, particularmente derivado de la Revolución americana con sus bases esenciales de gobierno local, y por la otra, el municipalismo, originado particularmente como consecuencia de la Revolución francesa".

B. *Los contenidos normativos*

Al invocar el nombre de Dios Todo Poderoso, los constituyentes fijan como bienes que han de asegurarse constitucionalmente, en consecuencia: la soberanía, la mejor administración de justicia, la procura del bien general, la tranquilidad interior, la defensa exterior, la libertad e independencia política, la conservación de la religión de los mayores; que han de sostenerse teniendo como principio la unión a través de la confederación y un modelo compartido de gobierno y administración para "los Estados de Venezuela".

La religión es la católica, como religión del Estado y de los habitantes; el régimen legislativo es bicameral –un Congreso general con una cámara de representantes elegida popularmente por los electores de cada provincia y otra de senadores designados por las legislaturas provinciales– con plenos poderes para "levantar y mantener ejércitos"; su poder ejecutivo es colegiado –triunvirato– con duración de cuatro años y electos popularmente mediante listas elaboradas en cada Provincia, conteniendo ellas un candidato habitante de otra distinta, teniendo aquél a su cargo el mando supremo de las armas "cuando se hallen al servicio de la Nación"; el poder judicial confederado queda depositado en una Corte Suprema de Justicia residente en la ciudad federal y los demás tribunales subalternos y juzgados inferiores que el Congreso estableciere "temporalmente en el territorio de la unión", siendo competente para todos los asuntos contenciosos civiles o criminales que se deriven del contenido de la misma Constitución; las provincias han de darse –bajo aseguramiento y garantía del gobierno de la Unión– la forma de gobierno republicano, sin que sus constituciones puedan afectar los principios liberales y francos de representación admitidos para la Confederación ni cambiar a otra forma de gobierno, quedando obligadas unas para con las otras en la defensa contra toda invasión o violencia doméstica; la iniciativa de reforma constitucional la tienen tanto las cámaras del Congreso como las legislaturas provinciales, siempre que cada una de aquéllas y éstas, en sus respectivos niveles, alcancen el voto de las dos terceras partes de sus integrantes; y la sanción o ratificación de la Constitución queda en manos del pueblo de cada provincia, que se expresará a través de sus electores.

En cuanto a los Derechos del pueblo, el texto cita como el primero la "soberanía del pueblo", al que siguen los "derechos del hombre en sociedad", los "deberes del hombre en sociedad", y los "deberes del cuerpo social", todos los que a su vez quedan, como "cosas constituidas", exentas y fuera "del alcance del Poder general ordinario del Gobierno". El argumento normativo es concluyente y reza así en la disposición 199:

"Conteniendo o apoyándose [aquéllos o tales cosas constituidas] sobre los indestructibles y sagrados principios de la naturaleza, toda ley contraria a ellas que se expida por la Legislatura federal, o por las Provincias, será absolutamente nula y de ningún valor".

Cierra la Constitución con varias disposiciones reivindicativas de los indios, abolicionistas del comercio de negros, anulatorias de leyes que imponen la degradación civil de los pardos, abrogatorias de títulos de nobleza y distinciones hereditarias.

Asimismo, tanto como excluye de la función pública e inhabilita por veinte años a quienes participen de actos de corrupción electoral, la Constitución de 1811 dispone que "ningún individuo o asociación particular podrá hacer peticiones a las autoridades constituidas en nombre del Pueblo, ni menos abrogarse la calificación de Pueblo Soberano", bajo pena de ser criminalizado y visto que éste "sólo se expresa por la voluntad general" a través del voto o por órgano de "sus representantes legítimos en las legislaturas".

Finalmente, así como la disposición 224 revela que partes de la misma Constitución tienen carácter programático y han de ser desarrolladas a través de leyes [constitucionales], la 227 define un bloque constitucional que integran la propia Constitución, sus leyes de ejecución y los tratados "que se concluyan bajo la autoridad del Gobierno de la Unión", todos los que, de conjunto, "serán la ley suprema del Estado en toda la extensión de la Confederación".

C. *La diatriba de Miranda*

Cabe observar, a todas éstas, que a pesar de que el Precursor Francisco de Miranda firma con reserva nuestra primera Constitución Federal, a buen seguro por convenir en la misma idea bolivariana de la urgencia de una organización militar que sostuviese la Independencia declarada, más allá del edificio constitucional en forja y para asegurarlo, lo veraz es que resulta fuera de todo contexto y engañoso el debate en el que al efecto se cruza con Roscio y que dice sobre lo impertinente de la queja de aquél: "Bajo los reparos que se expresan al pie de esta acta N° 2, [yo] firmo esta Constitución", pues nada habría dicho ni aportado al texto final de Constitución como para tacharlo como lo hizo.

Es célebre, al efecto, lo que a propósito afirman los diputados Briceño (Antonio Nicolás) y Alamo (José Ángel del), sucesivamente: "su autor jamás había manifestado semejantes opiniones durante la lectura y discusión" y es "muy reparable esta conducta de parte de un diputado del Congreso de cuya boca jamás habían salido las observaciones que ahora aparecen en la protesta".

Parra Pérez considera que el laconismo de la protesta mirandina –tratándose de un hombre de ordinario prolijo– acaso significa anhelo de salvar su responsabilidad o desdén por la obra de sus colegas:

"Considerando que en la presente Constitución los poderes no se hallan en un justo equilibrio; ni la estructura u organización general suficientemente sencilla y clara para que pueda resultar que, en lugar de reunirnos en una masa general o cuerpo social, nos divida y separe, en perjuicio de la seguridad común y de nuestra independencia, pongo estos reparos en cumplimiento de mi deber", reza el contenido de ese pie de acta al que alude su autor.[96]

La respuesta de Ustáriz –al fin y al cabo– como primer doliente de la Constitución y redactor que fue de la misma no se hizo esperar:

"Aquello de que los poderes no están en un justo equilibrio, quiere decir que el Poder Ejecutivo sea sagrado e inviolable y por diez años, como fue propuesto. Lo de que la estructura y organización general no está suficientemente sencilla y clara, quiere decir que él no la entiende (o no la quiere entender); porque ya se le ha notado que cuando una cosa no está clara para él, aunque lo esté para los demás, se atribuye el defecto a la cosa misma. Lo de que no está ajustada con la población, usos y costumbres de estos países, quiere decir que, como ellos estaban bajo un gobierno monárquico con todos sus accesorios, a saber: nobleza, títulos, cruces y privilegios de una parte, y bajeza y abnegación, al parecer original, perpetua e injuriosa de la otra, es preciso que no salgamos de aquel sistema jamás, y acaso que busquemos un suplente de Fernando VII".[97]

Pero importa subrayar lo esencial, a saber y a riesgo de repetirnos, que Bolívar y Miranda confunden la coyuntura, la amenaza, la exigencia militar inminente para sostener la Independencia, con el modelo apropiado o propicio

---

[96] Caracciolo Parra Pérez: *Historia...*, *op. cit.* (1939), p. 143.
[97] Cristóbal L. Mendoza, *cit.* supra, p. XXXII.

para darle forma a una república naciente y a partir de un pacto social de largo aliento que la asegurase como proyecto democrático común compartido, en el sentir del Congreso y de los llamados Padres Fundadores. Que esa emergencia se haya tornado después en regla, en un vicio secular dentro de la historia constitucional venezolana, es algo distinto y es nuestro actual problema, probablemente la mentira constitucional que oculta nuestra verdadera personalidad originaria de Nación.

Mendoza, citando a Parra-Pérez parece confirmar dicha tesis:

> "Sea lo que fuere, Miranda expresa entonces, en términos generales, su temor de las consecuencias del pacto que los próceres acaban de redactar. Sus preocupaciones, que serán también las de Bolívar, con los matices correspondientes a la inteligencia y al diverso temperamento de ambos personajes, provienen de la debilidad del poder ejecutivo, la dispersión de fuerzas de las provincias, lo complicado de la administración federal, cuyo mecanismo requería abundancia de elementos de toda índole escasísimos en Venezuela. Era su deber establecer, con el régimen central, un gobierno firme y vigoroso. Sobre todo, inquiétale la lucha social en perspectiva provocada por la aplicación, según él inconsiderada, de los principios democráticos absolutos en un país de castas y colores".[98]

Sólo así puede entenderse, no de otra manera, la oblicua crítica de Miranda –que Ustáriz califica de "capciosa

---

[98] *Loc. cit.* y p. XXXIII.

y vaga"⁹⁹– al sistema federal adoptado, pues, de ser cierto, como lo afirma Brewer Carías, que William Burke es un pseudónimo que comparten en la *Gaceta de Caracas* tanto aquél como el propio Roscio, sería un contrasentido lo que el irlandés citado escribe en sus páginas a fin de convencer a la opinión pública venezolana de las bondades del sistema federal receptado en su Constitución por los norteamericanos.

"Muchas de las ideas de Burke –dice el historiador Mario Rodríguez, según el catedrático en cuestión– fueron reflejadas en la Constitución de diciembre de 1811". Son "sus artículos en la Gaceta de Caracas, la fuente más importante de influencia de los principios constitucionales norteamericanos en la nueva República de Venezuela", ajusta éste. Y el caso es que los trabajos de Burke, quien publica en año y medio (1810-1812) más de ochenta editoriales en la Gaceta de Caracas:

> "se basaron en documentos que habrían sido escritos por [James] Mill, [Jeremy] Bentham y Miranda, en muchos casos, utilizando los documentos contenidos en el Archivo de Miranda. Además, puede incluso decirse que Juan Germán Roscio, como editor de la Gaceta de Caracas, y Francisco Xavier Ustáriz y Miguel José Sanz también publicaron unos editoriales bajo el nombre de Burke en la Gaceta".[100]

---

[99] *Ídem*, supra, cita 18.
[100] *Vid*. Introducción general de Brewer-Carías (Editor), en *Documentos constitucionales…*, *Op. cit.*, p. 268.

Grases, al escribir una cédula sobre William Burke, en el libro de compilación que dedica al pensamiento político de la Emancipación, afirma, por el contrario, la existencia real del escritor de la Gaceta de Caracas, a quien describe como un irlandés fallecido en Jamaica el 12 de noviembre de 1812, llegado a Caracas para conocer los eventos del 19 de abril de 1810; no obstante, pone de relieve –es lo importante– su admiración por Miranda.[101]

Pues bien, el propio Gil Fortoul –lo que confirma nuestra apreciación en cuanto a que domina en el Precursor y en el instante la visión de coyuntura, como en Bolívar– también advierte la contradicción mirandina; pues si, en efecto, anota que "durante la discusión del proyecto, Miranda en el Congreso, y en la Sociedad Patriótica Bolívar y Muñoz Tébar –corifeos los tres de la tendencia centralista, adversaria de la tendencia federalista– se esfuerzan en contrariar como inoportuna la imitación del federalismo norteamericano, aconsejando antes bien la imitación de ciertas doctrinas del régimen inglés", al término y en nota de pie ajusta que "esto parece contradictorio con lo que años antes habían escrito Miranda en su Proyecto de Gobierno Federal". Advierte, incluso así, que el Precursor habla de una "Federación Americana", o sea, una confederación que formasen "todas las colonias españolas representadas en un Concilio Colombiano".[102]

---

[101] Pedro Grases (Compilación, prólogo y cronología), *Pensamiento político de la emancipación venezolana*, Fundación Biblioteca Ayacucho, Caracas, 1988, p. 376.
[102] José Gil Fortoul, *op. cit.*, pp. 254-255.

Es una paradoja, a todo evento, que el epílogo del texto constitucional de Venezuela contenga un largo párrafo que, antes bien, consagra como aspiración la de Miranda sobre el "Continente Colombiano"; lo que indica que los diputados eran sabedores cabales de su ideario y de suyo les influía. La Constitución, en efecto, reza que, si los demás habitantes de éste "que quieran asociársenos para defender nuestra Religión, nuestra Soberanía natural, y nuestra Independencia..." así lo disponen, queda abierta la posibilidad de alterar o mudar sus disposiciones en cualquier tiempo, una vez lo "confirme a la mayoría de los Pueblos de Colombia que quieran reunirse en un cuerpo nacional para la defensa y conservación de su libertad, e Independencia política". Así, se imagina desde entonces nuestro constituyente la reunión de legítimos representantes de las provincias que aún no integran la Confederación, "en un Congreso General de la Colombia".

LO PROPIO DE NUESTRA ILUSTRACIÓN

Siguiendo las pistas de investigación que suministra el maestro Grases en su Estudio preliminar a la Constitución Federal de Venezuela, 1811, reimpreso ahora y otra vez junto al facsímil de ésta, importa subrayar el amplio y sugerente acervo doctrinal, quizás decantación de lo aprendido pero propio del pensamiento de nuestros primeros constituyentes y en las más variadas nociones que contiene o inspira a esa partida de nacimiento de nuestra venezolanidad; y que, salvado los tiempos, ha de ser conservado como el verdadero o genuino hilo conductor intelectual y político de la república.

En *El Publicista de Venezuela*, primera publicación que aquél, el maestro, advierte con el sello editorial exclusivo de Baillío sin su Compañía, visto que –Juan Baillío– pasa a ser el Impresor del Congreso General de los Estados Unidos de Venezuela como consta en el memorial que, redactado por éste y a objeto de que se le reconozca como tal, llega a oídos de la Constituyente el 19 de agosto de 1811[103], se recogen los debates realizados por sus diputados a propósito de ésta.

Son de un valor testimonial muy grande y probatorio de la existencia de un criterio constitucional patrio, el germinal de nuestro pensamiento, como podrá apreciarse seguidamente, a la luz de los distintos temas que son objeto de consideración. Y es eso lo que cabe rescatar, pues al fin y al cabo el texto formal constitutivo de nuestro primer pacto social acaso no tuvo vigencia. Éste, en efecto, requería según sus disposiciones ser sometido a la aprobación, no de las Provincias, sino del pueblo de éstas en una suerte de referéndum, como lo estable el artículo 137:

"El pueblo de cada Provincia por medio de convenciones particulares, reunidas expresamente para el caso, o por el órgano de sus Electores capitulares, autorizados determinadamente al intento, o por la voz de los Sufragantes parroquiales que hayan formado las Asambleas primarias para la elección de Representantes, expresará solemnemente su voluntad libre y espontánea de aceptar, rechazar, o modificar en todo, o en parte esta Constitución."

---

[103] Pedro Grases, *Estudio preliminar…*, *cit.* supra, p. 10.

El Publicista de Venezuela tiene como redactor a Francisco Ysnardy (1750-1820), gaditano de origen[104] y a la sazón, luego de colaborar con Andrés Bello y editar junto a éste la revista cultural El Lucero, es nombrado secretario del Congreso constituyente y asimismo designado para que cooperase con Roscio en la redacción del Acta de la Independencia. Y es quien propone, como consta en el acta de la sesión de 25 de junio, "la utilidad de un Periódico peculiar al Congreso, que insertase y divulgase sus Sesiones, y tratase otras materias análogas a los principios

---

[104] Recientemente la historiadora Marisa Vannini de Gerulewicz demostró como un detective, que va de pista en pista, que existieron varias personas con el mismo nombre y por esta coincidencia, se le atribuyó a un mismo Isnardi la identidad de tres individuos distintos. El primer Francisco Isnardi, el piamontés, fue expulsado de los dominios españoles luego de un largo juicio. El segundo, Enrico Iznardi, era provenzal o francés, llegó a ser Secretario de la Junta de la isla de Margarita en 1810 y fue fusilado por las fuerzas patriotas en esa ciudad hacia 1814, y el último, Francisco José Vidal Isnardi, médico gaditano, quien fue el Secretario del Congreso y corredactor del Acta de Independencia de la Constitución de 1811. De esta manera, la profesora Vannini logra aclarar un error existente en la historiografía nacional que siempre mezcló a los tres personajes como si fuera uno solo. Elías Pino Iturrieta, Guillermo Meneses, Joaquín Gabaldón Márquez, entre muchos otros, en sus trabajos, repitieron ese error.

Vannini de Gerulewicz, Marisa, 1928-2017: El misterio de Francisco Isnardi / Marisa Vannini de Gerulewicz. - 1ª· ed. - Fundavag Ediciones, Caracas: 2014. - 224 p. - Colección Calle real; 10. ISBN: 9789807581066.

políticos de nuestro actual estado".[105] De allí su extraordinario valor como fuente primaria documental.

De modo que es Ysnardy una suerte de notario que le da autenticidad al pensamiento que recogen los debates constituyentes y luego son llevados de su mano a las prensas de Baillío. Y su obra, al caso, es vigilada por Francisco Javier Yanes y Nicolás Briceño, nombrados, sucesivamente, en primeras y en segundas, como censores de "*El Publicista de Venezuela* cuya redacción está afecta a la Secretaría del mismo Congreso", según reza el acta de 18 de julio.[106]

En el mencionado semanario constan nuestras raíces y ellas confirman lo que valora Grases a partir de sus pesquisas bibliográficas memorables:

"Todos [los miembros de la generación de la Independencia] dejaron sus pensamientos en textos valiosos para comprender la madurez del razonamiento que les impulsó a la acción, decididos, si era preciso, a sacrificar su propia vida en aras de la libertad".[107]

---

[105] Vid. *El libro nacional de los venezolanos…*, op. cit., p. 3.
[106] *Ídem*, p. 108.
[107] Pedro Grases, *Pensamiento político…*, op.cit., p. XXVI.

A. *Sobre el pacto constituyente y la representación popular*[108]

Dos cuestiones esenciales ocupan el debate del primer Congreso General de Venezuela, a saber, por una parte, la atinente a la naturaleza de la misma confederación –preservando la igualdad real y el equilibrio de fuerzas entre sus partes, lo que motiva el pedido de división de la Provincia de Caracas– y al entenderse aquella, por algunos, como una inédita federación entre partes no constituidas y en su *statu quo*, a cuyo efecto, cualquier decisión al respecto, ora exige del previo y libre ucase de la parte correspondiente, vale decir, ora de todos sus representantes, ora del pueblo del que son mandatarios, sea que basta la pluralidad de votos de los constituyentes; y por la otra, la relativa a los alcances de la representación del diputado constituyente, limitado o no en su mandato por los electores.

Electos los diputados que integran el Congreso y apoderados al efecto por sus mandantes –quienes los eligen– para el cometido de "confederarse", de modo sobrevenido se abre en el seno de éste, justamente lo dicho, un debate

---

[108] El Publicista de Venezuela. - Ed. facsím. - Academia Nacional de la Historia, Caracas: 1959 - 22 v. (lxxxiv, 212 p.); 23 x 17 cm. – n. 1 (4 jul. 1811)-n. 22 (28 nov. 1811). - Biblioteca de la Academia Nacional de la Historia; 8. Lema: "Quod omnes tangit ad omnibus debet aprobari". Estudio preliminar por Joaquín Gabaldón Márquez. Incluye índice onomástico, geográfico y sumario del periódico elaborado por Clementina Hernández. Véase: n. 1, 4 de julio de 1811, p. 2-7; n. 3, 18 de julio de 1811, p. 17-19; n. 20, 14 de noviembre de 1811, p. 153-155; n. 21, 21 de noviembre de 1811, p. 161-162.

sobre la preponderancia que ejercía, geográficamente y económicamente, la Provincia de Caracas, en lo particular su capital sobre el resto de los distritos que la componen; dado lo cual los representantes de las provincias del interior –Valencia en lo particular como distrito de Caracas– reclaman la previa división de ésta. Se trata de la primera manifestación constituyente en contra del centralismo, pues al paso evoca la experiencia monárquica que se proponían superar como sistema político.

La cuestión, que cubre distintas sesiones desde el 12 de junio hasta 21 de noviembre de 1811, se ve impedida en su resolución final por argumentos de principio que ilustran bien sobre el arraigado pensamiento democrático de la mayoría de los congresistas.

Unda (José Vicente) va al fondo de la cuestión y en su crítica del centralismo caraqueño, observa que "Guanare conoce que nada puede influir Caracas en su prosperidad territorial: sus caudales, y los productos de su cultivo forman una parte muy considerable de las rentas públicas, que traídas a Caracas imposibilitan a los habitantes de Guanare de tener ningún establecimiento benéfico, industrial, ni de educación, llegando su miseria, hasta carecer de una escuela de primeras letras un distrito que cuenta 25 mil almas de población" (12 de junio).

Peñalver (Fernando de), de Valencia, acompaña la tesis: "Inútil es la regeneración que hemos adquirido, si la preponderancia política de Caracas, concentrándola en sí misma, deja a los demás Pueblos en la ignorancia, apatía, y miseria en que los tenía el anterior despotismo, y expuestos a ser dominados despóticamente por una sola Provincia...". De modo que, ajusta este que: "La naturaleza del contrato que va a celebrarse reclama la igualdad y equilibrio de las fuerzas de todos los contratantes; y para esto se necesita arreglar los límites de la Provincia, que toca exclusivamente a la confederación" (12 de junio).

Hacia el 14 de octubre el tema parece quedar desplazado bajo el argumento, que se repite, del objeto del Congreso, a saber, crear una confederación entre provincias inconstituidas: "las provincias en el estado actual se hallaban lo mismo que el hombre antes de entrar en sociedad" redarguye el diputado Cabrera (José Luis) –lo que sería una novedad– en defecto de la experiencia federativa que ha lugar entre soberanías establecidas. Yanes, a su vez, señala que mal puede decidirse al respecto mediante la pluralidad, sin que previamente haya tenido lugar el pacto federativo "pues ningún pacto se celebra sino es por mutuo consentimiento de las partes". Pero Roscio contesta que, ya instalado el congreso, cabe diferenciar entre un pacto y un contrato, siendo que para decidir sobre aspectos del primero basta que los aprueben las dos terceras partes; haciendo excepción de lo relativo a la división de Caracas, que mal puede decidirse sin la presencia de sus legisladores.

Sea lo que fuere, "la Confederación era la unión contra enemigos extranjeros" con lo que, en principio, la cuestión de debate quedaría fuera de las competencias del Congreso, según el diputado (José María) Ramírez (14 de octubre). El diputado Méndez (Ramón Ignacio), en similar línea de argumentación esgrimida desde antes, el 13 de junio, precisa que "la materia no competía de ningún modo al Congreso General y mucho menos podían resolver sobre ella los Diputados de Caracas, cuando todos sus distritos convinieron en venir a la confederación, sin condición de dividir a Caracas... no podía ponerse la división como un requisito previo a la confederación", concluye.

En lo concerniente a los límites de la representación constituyente, el 1° de agosto plantea Roscio, replicado por Peñalver al respecto, que cuando las Provincias determinaron seguir a la Junta de Caracas, el 19 de abril, cada una advirtió sobre la conservación respectiva en manos de aquéllas del gobierno interior de sus Distritos; constando ello en sus credenciales de entonces.

Paul (Felipe Fermín), el 12 de junio, apunta lo esencial, a saber, que sus representantes mal pueden decidir *legibus solutus* sin antes regresar a la fuente de sus propios mandatos. "La división propuesta –argumenta– aún tomada en consideración por los representantes de Caracas, no pueden ellos mismos resolverla, sin consultar la voluntad de sus constituyentes en tan ardua innovación, y meditar detenidamente los medios de ejecutarla, y los inconvenientes, y ventajas que debe producir: además de que, si para todo debe consultarse la opinión pública, mucho más debe hacerse en una materia en que tengo por cierto no está a su favor" (12 de junio).

La cuestión la fija el 18 de junio adecuadamente Yanes, al pretextar sobre lo dicho por Toro (Juan) –"el abuso escandaloso que él creía habían cometido los electores, arrogándose la representación del Pueblo"– y afirmar que de su debate "saldrá de la oscuridad en que estamos acerca del verdadero origen de la representación y de las condiciones que de él deben emanar". Su opinión también la ha adelantado, al afirmar sobre la "usurpación que hacían los electores, arrogándose la representación del Pueblo, cuando es evidente que sus funciones cesan luego que han elegido los Diputados, y que para esto sólo les dieron facultad los que los nombraron".

El tema viene al caso dada la aceptación que se contesta de los representantes de la Provincia de Barcelona, a quienes el gobernador les niega el pago de sus dietas por no ser "adicto… a la representación popular", como lo denuncia Toro; a cuyo efecto se propone aceptar la legitimidad de sus elecciones, sin perjuicio de la facultad del Congreso de "examinar y calificar sus credenciales", como lo señala Maya, dado que las mismas proceden del propio gobernador. "Las formas son la esencia del gobierno representativo", aduce Sata y Bussy (José), pues de lo contrario, estaría el Congreso nombrando diputados "a su placer".

Álamo (José Ángel del), al respecto, precisa que de admitirse una credencial emanada de gobernador –que no de una Junta como en las otras provincias– llevaría al absurdo de que fuesen los tenientes de los pueblos quienes escogiesen a sus representantes; a menos que, como lo explica Bermúdez (Juan), el acto de dicha autoridad sea la mera certificación de la elección ocurrida.

En 14 de octubre Sata observa que, hay quienes, dentro de ellos, "se crea diputado sólo de su pueblo, y quien se crea que lo es de toda su Provincia: juzgo que los que crean comprometidos los particulares intereses de su Pueblo podrán separarse, y los demás deben sucumbir a la pluralidad: un partido capitular no puede nunca mirarse como Soberano para una confederación". A lo que Méndez responde que, "no debía obligarse a un partido por la pluralidad de una Provincia, y que, así como su Pueblo es libre para revocarle los poderes, él creía que lo era para no sucumbir a la pluralidad y retirarse". La cuestión esencial, no obstante, vino resuelta desde antes, el 19 de junio, cuando a propósito de las elecciones que otras Provincias hacían de diputados electos y en posesión de mandatos por otras, se observa por Mendoza (Luis Ignacio), en primer lugar, que es imposible anular el "contrato solemne entre el S. Toro, y Valencia" por su elección superviniente por Barcelona, y en segundo lugar, por Peñalver, al destacar que en la representación "eran preferentes los intereses de la Confederación a los particulares del Distrito".

B. *Uti possidetis iuris*[109]

A guisa del debate que ocupa muchas sesiones del Congreso, a saber el de la planteada división de Caracas como premisa para avanzar hacia la Confederación –rechazada por unos, apoyada por otros, y dentro de éstos quienes la consideran necesaria pero posterior, sujeta al primer acto necesario, como lo es alcanzar la federación– y argüida, fundamentalmente, por el diputado Peñalver de Valencia, su argumento en cuanto a que se estaba en presencia de pueblos inconstituidos que requerían de constituirse antes de asociarse, emerge con fuerza inusitada y clarividente el argumento de Sata.

El mismo desvanece la incoherencia del debate y fija de modo pionero, para el constitucionalismo venezolano, el principio del *Uti Posidetis Iuris* que se conserva hasta el presente como fundamento de nuestros límites republicanos. Sus palabras bastan y rezan así *in extensu*:

"Debo mirar la materia bajo los dos aspectos que acaba de presentarla el anterior orador; por el del señor Peñalver queda destruida originariamente la federación; esta no es otra cosa que la reunión de muchos

---

[109] *Ibíd.*, n. 4, 25 de julio de 1811, p. 25-29

Estados soberanos e independientes, para proveer bajo ciertos pactos a su seguridad general; y creer que pueda haber federación sin esta Soberanía, es una contradicción bien chocante: los que miran a Venezuela bajo el otro respecto suponen esta Soberanía; cuando insisten en que debe ser la confederación uno de sus primeros actos: esta oposición de principios, debe fijarse antes que todo: es decir decídase si Venezuela se divide en secciones departamentales, bajo un gobierno común, o en Estados federativos independientes. A pesar de que yo veo la salud general en el primer caso, respeto la opinión pública que está por el sistema federativo, y por consiguiente insisto en que debe prevalecer la opinión de los que creen que debe preferirse, a todo, la confederación; pero también creo necesaria una decisión clara, terminante e irrevocable del Congreso sobre este particular. Ni una sola expresión puede alegarse por la que se infiera que los pueblos propendieron al estado de masa inconstitucional en que se ha supuesto a Venezuela desde el 19 de abril; por consiguiente, no puede ser la división y trastorno de límites existentes, la basa de la confederación. Hay, por el contrario, actos muy positivos de la Soberanía de los Pueblos, cuando enviaron en uso de ella sus representantes a confederarse con los límites y fuerzas con que se hallaban: los Pueblos respetaron, conocieron, y sancionaron la inviolabilidad del principio statu quo con esta conducta; y los que promueven la división, desconocen unas de los más útiles principios del derecho público de las Naciones. *Uti possidetis* fue el canon político de la nueva institución de Venezuela; y sin él, tal vez hubiera aventurado sus heroicos y laudables esfuerzos: destruir este saludable axioma es pretender que no haya confederación: es incurrir en una contradicción palpable: es decir, quiero que Caracas no sea ahora lo que era cuando la admití a mi contrato de sociedad. No soy partidario ciego de la federación, porque tal vez veré abultados los inconvenientes a que la considero expuesta; pero la hallo sancionada por el Congreso, cuando dio un solo voto a las Provincias en los asuntos generales; por consiguiente, no puede ya admitirse el principio de asociación, informe e indivisa en que se supone a Venezuela: sus Provincias son y deben tenerse por Estados soberanos e independientes, y bajo este aspecto debe precisamente discutirse la cuestión. Concluyo, pues, que la confederación es, según esto, la más preferente atención que debe ocuparnos; la división será útil, necesaria y hacedera; pero toca exclusivamente a las Provincias".

C. *Imparcialidad de los jueces*[110]

En noviembre 19 de 1811 nuestro primer congreso adopta una Ley de recusaciones, a objeto de garantizar la confianza de los ciudadanos en sus magistrados al momento en que éstos deban decidir sobre los derechos de aquéllos y mientras se llegue a adoptar el juicio por jurados. Al efecto, se trata de una proposición libre que no pide pruebas al ciudadano quien solicita la respectiva inhibición, salvo su juramento de no proceder con malicia.

No obstante, a objeto de impedir la degeneración del instituto, la Ley en cuestión fija límites personales a la misma –no más de tres ministros por cada parte, quienes

---

[110] *Ibíd.*, n. 21, 21 de noviembre de 1811, p. 160.

pueden ser sustituidos por otros corregidores quienes hayan concurrido a elecciones como tales– nombrados no por el recusado sino por el Supremo Poder Ejecutivo Provincial y sigan en votos a los recusados, debiendo la parte o ambas partes, según los casos, sufragar las dietas de los sustitutos, "como que por su propio interés no se aprovecha éste de los ministros que tiene dotados la Provincia".

D. *Transparencia y rendición de cuentas*[111]

El principio de la rendición de cuentas y responsabilidad de quienes ejercen la función pública, es vertebral al nacimiento de Venezuela como república independiente y democrática, a la vez que exigencia de todo "pueblo libre y virtuoso".

El Supremo Congreso de 1811, dicta al efecto el decreto el 5 de noviembre a fin de establecer el llamado juicio de residencia de magistrados y funcionarios, con una motivación precisa, construida a la vez desde lo afirmativo a lo negativo, a saber:

> "Den cuenta de sus operaciones públicas al fin de su comisión en un juicio formal, pues de este modo se harán acreedores al reconocimiento de todos sus ciudadanos, si hubiesen desempeñado debidamente su comisión, al paso que la execración pública descenderá sobre los que hubiesen faltado a tan sagrados deberes".

El decreto tiene particularidades relevantes, como el ser un mecanismo de control judicial y político compartido

---

[111] *Ibíd.*, n. 22, 23 de noviembre de 1811, p. 175.

entre los órganos parlamentario y judicial –3 diputados y 2 magistrados de la Alta Corte, o en defecto de éstos 2 letrados designados por el Congreso– tanto de las actuaciones como las inversiones del tesoro realizadas desde el 19 de abril de 1810 hasta el 5 de marzo de 1811; encontrarse dirigido y dictarse a pedido de quienes ejercieran en calidad de miembros de la Junta Conservadora de los Derechos de Fernando VII que se instala en 1810; quedar abierto a las quejas de todos los particulares quienes se sintiesen agraviados por las decisiones de éstos; y no admitirse juicio por aquellas quejas relativas a la vida privada u opiniones particulares de los integrantes de la misma.

E. *Unidad democrática federal*[112]

Durante los debates constituyentes de 1811, en particular los tenidos el 3 de septiembre, más allá de las fórmulas orgánicas adquiridas al término, la cuestión central o el debate acerca de la naturaleza de la confederación a ser constituida como Venezuela, pone de relieve –de allí que no se le llame federación– que se trata de reunir a Estados "inconstituidos", que luego habrán de federarse y no, como es lo normal, de Estados constituidos que se determinan a formar una federación.

La naturaleza del gobierno o régimen a ser establecido, por ende, es lo que preocupa como elemento vertebral a los diputados, a cuyo efecto, al considerarse el artículo primero de la Constitución, se parte de la idea de que la definición del gobierno a ser constituido tiene carácter constitucional, es decir, que se adopta a fin de "evitar que

---

[112] *Ibíd.*, n. 22, 23 de noviembre de 1811, p. 169.

en lo sucesivo se altere la constitución por falta de esta expresión que debe mirarse como constitucional". De modo que, como lo hace ver el diputado Sata "[e]l Congreso debe pues establecer bases generales de las cuales no puedan separarse las Provincias sin producir un conjunto monstruoso e incapaz de formar una asociación regular y permanente".

Dado ello, salvando "la libertad que tienen de adoptar el gobierno interior que quieran" las Provincias, como lo intima el diputado Méndez de Guasdualito, el diputado Briceño (Antonio Nicolás o José Ignacio ¿?) precisa, al efecto, que "las Provincias no pueden ni deben separarse de los principios esenciales del gobierno democrático, como son la división de poderes, representación popular, y elección de empleos en los que deben estar conformes todos los Estados de Venezuela". Y, en consecuencia, como lo ajusta el diputado Sata, "la garantía federal estaba cifrada en la uniformidad de las bases constitucionales de los Estados confederados".

F. *Democracia y derechos del hombre*[113]

La aprobación por el Supremo Congreso, el primero de julio, en su sección legislativa para la Provincia de Caracas, antes de declararse la Independencia por aquél, de una Declaración de los Derechos del Hombre, explica a cabalidad y de manera anticipada al dictado de la Consti-

---

[113] *Gazeta de Caracas*, N° 42, del martes 23 de julio de 1811. Así mismo, J. F. Blanco, *Documentos para la historia de la vida pública del Libertador*, La Opinión Nacional, Caracas, 1876, pp. 122 a 125

tución, que se hará hacia el 24 de diciembre, el modelo político democrático en que se afirma la ingeniería constitucional naciente y la sujeción cabal de sus expresiones orgánicas –y sus competencias– a los principios ordenadores y superiores de la soberanía popular y del respeto y garantía de los derechos del hombre.

En la primera parte de la Declaración, que contiene a los artículos 1 a 7, claramente se prescribe (1) la residencia de la soberanía en el pueblo, que es imprescriptible, inenajenable e indivisible, como que, a la par de que la representación expresa un mandato de suyo revocable y temporal, la misma pertenece a todo el pueblo en su conjunto y no a sus partes o corporaciones, individuos o ciudades que pretendan usurparla; (2) la voluntad del pueblo es la que otorga legitimidad y legalidad al gobierno, que es temporal; y (3) la legalidad se funda en la igualdad ante la ley y en la compatibilidad de los actos del gobierno y los magistrados con el respeto ora de la soberanía, ora de los derechos del hombre, como lo ajustan con amplitud el preámbulo de la misma Declaración y el artículo 1 de su apartado sobre Derechos del hombre en sociedad:

> "El Supremo Congreso de Venezuela en su sesión legislativa, establecida para la provincia de Caracas, ha creído que el olvido y desprecio de los Derechos del Pueblo, ha sido hasta ahora la causa de los males que ha sufrido por tres siglos: y queriendo empezar a precaverlos radicalmente, ha resuelto, conformándose con la voluntad general, declarar, como declara solemnemente ante el universo, todos estos mismos Derechos inenajenables, a fin de que todos los ciudadanos puedan comparar continuamente los actos del Gobierno con los fines de la institución social: que el magistrado

no pierda jamás de vista la norma de su conducta y el legislador no confunda, en ningún caso, el objeto de su misión".

Artículo 1. El fin de la sociedad es la felicidad común, y el Gobierno se instituye al asegurarla.

Y siendo la felicidad común, como idea integradora, en el goce del derecho a los derechos y sus garantías, a saber, de la libertad, la seguridad, la propiedad, y la igualdad de derechos ante la ley, sus límites son aquéllos –dicho con expresiones de actualidad– que se derivan del Bien Común en una sociedad democrática, según lo reza el artículo 1 del apartado Derechos del hombre en sociedad:

> Artículo 1. Los derechos de los otros son el límite moral y el principio de los derechos, cuyo cumplimiento resulta del respeto debido a estos mismos derechos. Ellos reposan sobre esta máxima: haz siempre a los otros el bien que querrías recibir de ellos, no hagas a otro lo que no quieras que te hagan a ti.

G. *Proscripción de la tortura*[114]

El 17 de agosto de 1811, el Congreso General dicta una Ley aboliendo la tortura, que puede decirse complemento de la Declaración de los Derechos del Hombre, ya sancionada por la misma sección legislativa de éste para Caracas, fundándola en la necesidad de "sostener la dignidad del hombre contra los ultrajes de la tiranía".

---

[114] *El Publicista de Venezuela*, cit., n. 8, 22 de agosto de 1811, p. 63-64.

En su encabezamiento se ilustra al respecto, recordando la misma como atributo de la barbarie durante la conquista de América, al ser ello "tormento detestado por la humanidad" y "superfluo a la justicia". Al efecto, en su parte dispositiva y como instrucción al Supremo Poder Ejecutivo, la legislatura dispone en cuanto a lo prescriptivo la derogatoria de las leyes que prevean torturas y una medida reparatoria o memoriosa ejemplarizante, a saber, la destrucción de los implementos de su práctica:

> Se proscribe, destruye, y anula el uso del tormento, bajo cualquier acepción, caso, y circunstancia en que estuviese indicado por las leyes anteriores, que quedan derogadas y sin valor en esta parte; y que para hacer más solemne y notoria esta declaración, se quemen públicamente, por mano del verdugo en la plaza pública, cuantos instrumentos existan por desgracia entre nosotros para tan execrable uso; en desprecio de la humanidad y de la libertad civil del virtuoso pueblo de Caracas".

H. *Derogación de la infamia trascendente*[115]

En 19 de junio el Congreso, en su sección legislativa para Caracas, adiciona mediante ley a la Declaración de los Derechos del Ciudadano, una derogatoria de la infamia trascendental, que ha de tenerse como parte del artículo 14 de los Derechos del hombre en sociedad. Queda así proscrita como tacha de las personas la memoria criminal de sus mayores, con fundamento en el principio de presunción de inocencia.

---

[115] *Ibíd.*, n. 5, 1° de agosto de 1811, p. 40.

En lo particular, en su numeral 3, a la vez se consagra la purificación de la infamia personal de los conspiradores y traidores que hayan sido condenados a una pena extraordinaria, siempre que, cumplida que sea la condena y de regresar al país lleven una buena conducta opuesta a la de su pasado delito; y pudiendo extenderse tal beneficio a otros delitos distintos de los mencionados pero que igualmente causen la citada infamia personal.

I. *Indultos*[116]

Mediante ley de 21 de noviembre el Congreso legisla en materia humanitaria, al acordar el indulto como una medida que reúne extremos varios, a saber, como "testimonio de su beneficencia en cuanto sea compatible con la seguridad general, y con la justicia", todo lo cual ha de ser objeto de su ponderación.

Se atendía con ello a los efectos causados por la guerra civil provocada por Valencia para impedir "la emancipación de la América", en lo particular "la más espantosa anarquía, la aniquilación del orden y de toda subordinación, la desesperación de sus habitantes, la dolorosa muerte de muchos americanos, la marcha de un ejército para contener estos males..." obra de "perversos seductores enemigos del sistema".

Los diputados, al efecto, valoran, por una parte, la necesidad del castigo "con sus personas e intereses" de los sedicentes y sus cooperadores, y por la otra, la naturaleza complicada de lo ocurrido, la importancia de olvidarlo y el retraso de su causa, en modo de que se alcance "el sosiego, la tranquilidad y la confianza en Valencia".

---

[116] *Ibíd.*, n. 21, 21 de noviembre de 1811, p. 163-164.

El indulto o perdón alcanza a todos los reos de la conmoción popular, incluidos los sentenciados y bajo cumplimiento de condenas; pero se excluyen "a las cabezas y reos principales que promovieron y agitaron la conmoción, con ánimo decidido de subvertir el sistema de gobierno de Venezuela".

Los beneficiados, no obstante, quedan sujetos a dos cargas inexcusables y también excepciones al perdón o indulto dictado mediante ley:

(1) la de extrañamiento para quienes su presencia en el territorio de la Unión pueda ser perjudicial, como lo indica el inciso 6 de la ley, y

(2) la de "resarcimiento de las erogaciones que ha causado al Estado" el crimen motivo de indulto.

J. *La independencia de poderes y el control de constitucionalidad y legalidad*[117]

Del registro que se hace de las actuaciones del Supremo Congreso, tiene especial relevancia el conflicto de poderes que le somete a su conocimiento el Supremo Poder Ejecutivo con relación a las decisiones del Poder Judicial.

El razonamiento del Ejecutivo, por voz de su presidente de turno, [Juan] Escalona, dice apoyarse en los que son principios generales aceptados por las Naciones, si bien

---

[117] *Ibíd.*, n.: 14, 3 de octubre de 1811, p. 110; n. 15, 10 de octubre de 1811, p. 113-114; n. 17, 24 de octubre de 1811, p. 137; n. 18, 31 de octubre de 1811, p. 139-143; n. 10, 5 de septiembre de 1811, p. 75.

pretenden fijar como potestad del gobierno suspender la ejecución de las sentencias judiciales bajo determinados supuestos; siendo lo relevante su remisión al parlamento para que decida como órgano de la soberanía popular.

Dice Escalona, en su oficio de 13 de septiembre, lo siguiente:

"Si el Poder Legislativo dictase una ley, y el Poder Ejecutivo no administrase ni gobernase por ella, no negaría el Poder Judicial, que éste se excede. De la misma manera si el Poder Judicial aplica mal esa ley a los casos, o en su aplicación hay una manifiesta contradicción, o implicancia, no se excederá el Poder Ejecutivo en suspender la sentencia, y exigir explicación y reforma, tanto más cuanto que ésta es una de las principales funciones de este Poder, a quien se confían las armas con el preciso fin de que mantenga el orden, que no consiste en otra cosa que en procurar el exacto cumplimiento de las leyes, y en que a nadie se haga agravio, ni se atente contra la seguridad común e individual".

El Poder Ejecutivo, al introducir su argumento, en la práctica se pregunta ¿quién controla a los jueces?, con lo que formula una cuestión que será agonal para el definitivo perfil de nuestra experiencia democrática como lo es el control de la constitucionalidad.

Agrega Escalona, de modo reflexivo, que:

"A pesar de esa independencia con que efectivamente deben obrar los tres Poderes en sus respectivos ramos, están recíprocamente sujetos a la observación de sus operaciones, para que ninguno traspase la línea de su autoridad; y si como quiere el Poder Judicial, no pudiesen los demás censurarle sus juicios, y contenerle, sería el más déspota de los tres, y el Ejecutivo un Alguacil que ejecutase sus resoluciones...".

Es de observar, a todo evento, que la remisión a la práctica conocida, a pesar de la final sujeción que admite el Poder Ejecutivo alternativo frente al Supremo Congreso, pidiéndole decidir al respecto, es lo que justifica su reclamo de preeminencia final:

"Está asimismo muy equivocado el Poder Judicial, en el concepto de que sólo pasa sus sentencias al Poder Ejecutivo para que las ejecute, pudiera decirse que está muy distante de conocer el carácter del Poder Ejecutivo, y que los mismos ejemplos que trae, como debiera traer el de todas las naciones, le convencen de que una de las preeminencias de este Poder, es que no se ejecute ninguna sentencia sin que la sancione, y dé el pase".

El planteamiento del Ejecutivo al Congreso llega precedido de dos pronunciamientos anteriores desde los poderes conflictuados.

El Ministerio Fiscal, en 27 de agosto recuerda en su representación, apelando a la doctrina extranjera, que:

"Tan cierto es que todo gobierno representativo, en que el orden, libertad, y seguridad del Ciudadano son el objeto principal de su instituto, que el Poder Judicial debe estar absolutamente separado e independiente del Ejecutivo, que en Londres donde este último le tiene el Rey con toda la extensión posible en su esfera, jamás ha podido suspender la ejecución de las sentencias, aunque sean de muerte, pronunciadas por los Jurados, o por la Cámara de los Pares en sus respectivos casos, cuanto menos hacerlas reformar o revocar, como ha indicado el Ejecutivo de Venezuela".

La Alta Corte de Justicia, a su vez, en acuerdo de 31 de agosto siguiente, recordando que la diferencia surge con motivo de las condenas impuestas a los reos Domingo Ramos, D. Miguel de la Portilla y otros, y pretextando que las pretendidas facultades del Poder Ejecutivo no encuentran base en el derecho público, declara que:

> "Éstas no se han entendido, por los Publicistas de las determinaciones judiciales, sino de las grandes deliberaciones capaces de destruir la libertad civil, como la imposición de subsidios o exacciones de dineros públicos, la formación o arreglo de fuerzas de tierra, y demás que importan se confíen y dependan del Poder Ejecutivo".

Dado ello, los jueces supremos concluyen lo siguiente:

> "Que esta Alta Sala permanece en las ideas que se ha formado de su profesión, no circunscritos precisamente al derecho privado, sino comprehensiva también del común y de gentes; y que reposando sobre el concepto de que desempeña los deberes de su instituto procediendo en los términos que hasta ahora lo ha hecho en la decisión de las causas de su resorte, y comunicándolas del propio modo al Poder Ejecutivo para su cumplimiento, continuará sin variación esta conducta, mientras otra cosa no se establezca en la Constitución de Gobierno por el Supremo Congreso".

Cabe decir que el mismo Poder Ejecutivo se expresa preocupado, desde antes, en representación que dirige al Supremo Congreso, sobre los límites de sus actuaciones para asegurar la paz pública y la seguridad de la nación, tal y como lo expresa Miguel José Sanz, el 22 de agosto:

"Quisiera el Poder Ejecutivo que el Congreso se penetrase de veras del peligro que proviene de la falta de Constitución y que se dedicase a formarla sin intromisión, asegurando de que el Poder Ejecutivo vela sobre la existencia de la Patria, conservando por todos los medios posibles su tranquilidad interior y exterior, y que si no hace más, es porque sin las bases de Gobierno, no puede extenderse sin evidente riesgo de las resultas de los proyectos, y empresas que considera de suma necesidad, para afirmar nuestra independencia, consolidar nuestra libertad, solicitar que las potencias del mundo reconozcan la Soberanía del Pueblo venezolano, y establecer el comercio".

La preeminencia, en fin, que reclama el Poder Ejecutivo, tiene su origen explicable en la habilitación que recibiera para el ejercicio de la dictadura el día 13 de julio, pues en Decreto del Supremo Congreso se dispone la autorización de aquél "para concluir sentencias y ejecutar todo cuanto sea relativo a estos importantes objetos, sin limitación alguna, eligiendo para ellos todos los miembros del Supremo Congreso, y Alta Corte de Justicia, que sean necesarios para llenar cualquiera función Judicial, Militar o Política a beneficio de la seguridad del Estado, único fin por ahora de todos sus poderes".

Pero la cuestión no se queda allí, pues otro tanto ocurre en lo relativo a la preeminencia que el Congreso ejerce sobre el Poder Ejecutivo y que, a ciencia cierta, es lo que preocupa a Miranda al punto de, como se indicara supra, firmar con reservas el texto de la Constitución.

En la sesión del 2 de julio se expresa el Precursor in *extensu* sobre el tema de la necesaria separación y equilibrio entre los poderes –el célebre *check and balance*– advirtiendo, al efecto, que incluso un cuerpo colegiado representativo puede mutar en despótico. Su exposición es ilustrativa:

> "Es falsa la opinión que se ha propagado de que el Congreso en la América del Norte tuvo todos los poderes, y que dio el Ejecutivo en comisión a Washington: yo quiero que se me citen las fechas y los hechos. Presente estaba yo mismo, cuando el jefe de las armas entregó su autoridad al Congreso al concluirse la guerra: ninguna otra autoridad tuvo sino la militar en el conflicto de la guerra... Nuestros argumentos deben apoyarse sobre hechos verdaderos: hemos dividido los poderes, porque lo hemos creído necesario: debemos ser muy cautos en sostener esa división. Con ella no hubiera abusado César de la libertad de Roma, y Atenas hubiera peligrado antes si hubiese sido menos severa: es pues necesario tener los ejemplos pasados, y los de nuestros vecinos. Los cuerpos colegiados pueden ser tiranos, cuando no hay una exacta división de poderes".

K. *Control democrático de la opinión pública*[118]

En el registro de actas del Supremo Congreso de 1811 tiene relevancia la que recoge el debate del 2 de julio, previo a la consideración de la Independencia de Venezuela, pues, a propósito de una moción para trasladar la sede del Congreso a otra ciudad del interior, el argumento que al término domina para su negativa y es rechazado por los proponentes, hace relación con el papel de censura o control que ha de ejercer la opinión pública sobre la vida parlamentaria; en otras palabras, no se explicaría la misma alejada de la opinión pública, menos realizando sesiones privadas o secretas.

Los argumentos de Sata, que encuentran apoyo sin reservas en Miranda, se pueden resumir en sus lapidarias frases:

"Todos somos hombres, y yo mismo ignoro aún, si estoy calculado para ser un tirano, luego que me falte el freno de la censura pública...".

El razonamiento es concluyente:

"Débiles y aventuradas serían nuestras resoluciones en lo interior, si llegando a Caracas, que ignoraba las razones de nuestro proceder, que conservaba el criterio de la opinión pública que no tuvimos nosotros [en cuenta], y que abusaría quizás de él, hallasen nuestras leyes un Demagogo que tergiversase su sentido, y concitase a la multitud contra su observancia y reconocimiento".

---

[118] *Ibíd.*, n. 10, 5 de septiembre de 1811, p. 73-78.

Miranda al apoyar a Sata y rechazar el argumento de otros preopinantes quienes, ora afirman que la opinión pública de Caracas no es la de Venezuela o que la misma es la que causa problemas a la estabilidad de la Confederación que se forma, ora consideran imposible que el despotismo tome espacios en cuerpos colegiados donde todos debaten, respecto de esto recuerda, categórico, que:

"[N]o puedo permitir que se diga en esta Asamblea, que es imposible que puedan cuarenta hombres abusar de la autoridad... Hasta los niños que han leído la historia saben que, 1.200 hombres escogidos en Francia, como los hemos sido nosotros, se arrogaron todos los poderes, se volvieron unos malvados, e inundaron de sangre, de luto y de desolación a su patria. Nadie ignora que hubo treinta tiranos en Atenas, y que el largo Parlamento inglés, ese antemural del despotismo, fue el que dio la autoridad a Cromwell, para tiranizar a la nación: esa ignorancia de la historia no puede ser muy ventajosa a un legislador; y si se oyese mejor la opinión pública, y se atendiese a la de esa Sociedad Patriótica, tan injustamente denigrada, se vería que no se incurría allí en semejantes errores".

Maya, como diputado, casi al cierre del debate, que concluye con pluralidad de votos negando el traslado del Congreso, habla de la relación del trabajo legislativo con la censura de la opinión:

"Dos especies de leyes son del resorte del Supremo Congreso: las puramente Constitucionales, y las gubernativas. En cuanto a las primeras, no debemos temer que el pueblo las censure, cuando el mismo habrá de sancionarlas: y en cuando a las segundas, tampoco debe alarmarnos la opinión contraria de algunos ciudadanos, cuando éstos están autorizados para contradecirlas, en virtud de la libertad de imprenta, que la Sección Provincial declarará en el día de mañana".

BREVÍSIMO EPÍLOGO

El colofón de lo expuesto hasta aquí no puede ser otro que la confirmación de un pensamiento constitucional propio en quienes, en calidad de Padres Fundadores, le otorga a Venezuela su primer texto o pacto social de nación independiente; que, como obra de diálogo y legislación serenas e ilustradas, le hace honor a la admiración que concita nuestra modesta realidad de la época en el criterio de los más ilustres visitantes. La palabra de Grases es cabal y no solo descriptiva al respecto:

"La pobre y escasa vida colonial, en Tierra Firme que en los dos primeros siglos de dominación había llevado una modestísima existencia, sólo recordada por los actos de heroísmo y violencia, la vemos convertida a fines del siglo XVIII en una entidad vigorosa, capaz de dar al mundo un grupo de personalidades de primer orden. El desarrollo y afianzamiento de su economía han corrido parejos con el robustecimiento de sus instituciones y con el desenvolvimiento de la educación ciudadana. Su población mezcla de las tres razas que se funden en el crisol del Nuevo Mundo en esta región del Caribe está ordenada en la típica sociedad colonial de casi toda la América: mantuanos, blancos, pardos y esclavos. Si no pueden ostentar la brillantez de otras partes del Imperio español, ofrecen no obstante rasgos distintivos de fina cultura y perspicaz acuidad, que llama la atención de los viajeros como Humboldt, quien al comparar las distintas porciones americanas reconoce para Caracas la particular sensibilidad por los problemas políticos de la época y un elevado nivel en la educación pública. La más desmantelada, otrora, de las colonias hispánicas en América está preparada para llevar a cabo, con extraordinaria pujanza en sus decisiones, el papel de avanzada, definidora, de la gesta de Emancipación del Continente".[119]

No podría ser de otro modo.

Saludamos, pues, la reedición del facsimilar de la "edición príncipes de la primera Constitución elaborada en Hispanoamérica por un Estado libre"[120], nuestra Constitución Federal para los Estados de Venezuela de 1811 y que, con estudio preliminar suyo, preparase para su época don Pedro Grases; la que ahora adquiere mayor y mejor relieve dado el momento crucial que vive Venezuela y en horas que indican su proximidad hacia otro parto republicano, que reclama de memoria para que con miras al presente puedan los venezolanos imaginar un porvenir posible y más prometedor que su actual y penosa circunstancia. Y es que esta Constitución, como lo recoge Gil Fortoul, "fue, sobre todo, obra de un grupo de hombres superiores... convencidos todos, sin embargo, de que su obra, por incompleta que fuese, contenía ya las bases perfectibles de la futura república democrática".[121]

---

[119] Pedro Grases, *Pensamiento político...*, *op. cit.*, pp. XXV y XXVI.
[120] Pedro Grases, *La imprenta...*, *op. cit.*, p. 247.
[121] José Gil Fortoul, *op. cit.*, p. 252.

III

RELECTURA DE LA CONSTITUCIÓN DE CÁDIZ DE 1812: EL IDEARIO LIBERAL DE AGUSTÍN DE ARGÜELLES

El olvido de nuestros padres fundadores

La revolución civil y de las luces que prende en las Españas de ambos hemisferios dos siglos atrás, trasiega sus efectos al constitucionalismo moderno y nos tiene hoy como deudores de permanente gratitud. Se trata de una revolución en propiedad, como lo precisa Miguel Artola, historiador quien dedica sus mejores esfuerzos al estudio del asunto; pues nada tiene que ver con "fenómenos de parecida apariencia –el cambio violento de gobierno e incluso de régimen– y menor trascendencia".[122]

Aparte de otorgarle a la España peninsular su primera y pionera constitución liberal, la Constitución Política de la Monarquía Española –o de la Nación española– sancionada en 1812, tal "experimento"[123] inspira la ingeniería constitucional italiana y portuguesa, la de los países centroamericanos y sudamericanos, la mexicana de Apatzigán e incluso, en las antípodas de la geografía, la de los decembristas rusos.

La magna tarea constituyente y legislativa que acometen los diputados doceañistas, reunidos en Cortes Generales y Extraordinarias desde el 24 de septiembre de 1810,

---

[122] Miguel Artola, editor, *Las Cortes de Cádiz*, Marcial Pons Historia, Madrid, 2003, p. 9.
[123] Miguel Artola, "La revolución gaditana con acento francés", *El Mundo*, Madrid, 2009.

primero en la Real Isla de León y luego en Cádiz, puerto que une a los españoles de uno y de otro continente y quienes desde sus respectivas trincheras luchan por sus Independencias, no es menor a la que demandan las Revoluciones americana y francesa que le preceden. Así cabe subrayarlo, sin mengua de destacar y reconocer las aportaciones sustantivas que éstas realizan al Derecho público y político hispanoamericano, hoy bajo revisión profunda, e incluso al entonces naciente Derecho constitucional gaditano, que es visionario, testimonio y emblema de perfectibilidad.

En su Decreto I, otorgado en la indicada fecha, las Cortes precisan los fundamentos o principios del orden que las justifica y la orientan en su labor constituyente, haciendo saber que en ellas, como representantes de la Nación, reside la soberanía nacional; que la renuncia al trono por Fernando VII carece de validez "por faltarle el consentimiento" de las mismas; que resulta inconveniente la reunión de los poderes legislativo, ejecutivo, y judiciario; que el ejercicio del poder acarrea responsabilidad conforme a las leyes; que la justicia se administra conforme a las leyes; y que la persona de los diputados es inviolable[124]

Inexplicablemente, tal revolución de levitas e ideas –uno de cuyos referentes es el hombre de leyes liberal y excelso tribuno asturiano, Agustín de Argüelles– se ve luego desplazada; no por desconocerla y abrogarla el mismo Rey Fernando, una vez como regresa al poder, sino

---

[124] *Colección de los decretos y órdenes que han expedido las Cortes Generales y Extraordinarias desde su instalación de 24 de septiembre de 1810*, Imprenta Nacional, Tomo I, Madrid, 1820, pp. 1-3.

que es subestimada por la posteridad, por las cátedras y academias del mundo hispanoamericano. Lo que es más grave, políticos, jueces y legisladores la ignoran como precedente, la obvian hasta para lo circunstancial, como lo es el juramento de La Pepa en los territorios del Nuevo Mundo. "Durante la guerra de Independencia de Hispanoamérica ese instrumento jurídico estuvo vigente en 2 ocasiones (1812-1814 y 1820-1823) en los territorios de Venezuela".[125]

Esta minusvalía ocurre, y así cabe señalarlo, bajo el peso de una lamentable confusión histórica. Ella es obra del armamentismo de la historia que nos es común a "los españoles de ambos hemisféricos". Se hace dogma a conveniencia bajo un silencio conveniente, y a la confusión del caso se suma el injustificado complejo de culpa que acusa y no supera todavía la Madre Patria, a pesar y luego de haber llevado a cabo la más grande obra de civilización conocida por la Humanidad, el descubrimiento del Nuevo Mundo.

España pasa la página del desencuentro que nos tiene por presa durante las dos primeras décadas del siglo XIX, para no perturbar el reencuentro anhelado y mirar hacia el porvenir. Pero, entre tanto, en las Américas de actualidad, tanto como en las Américas recién emancipadas, no pocos de sus gendarmes de ocasión releen y hasta reescriben la página de aquel instante crucial. La idea de la Emancipación junto al precolombino Mito de El Dorado, al paso de los años derivan en ariete que disimula y justifica las fa-

---

[125] *Diccionario de historia de Venezuela*, Fundación Polar, Tomo I, Caracas, 1997, p. 1010.

lencias propias, encubre autoritarismos, perdona graves omisiones políticas y sirve al despropósito de aquéllos, como lo es mantener a nuestros pueblos sojuzgados, en la inmadurez. Libres e independientes de imperios, hacia afuera, siervos y tardos hacia adentro.

La ley de las espadas, en buena lid, hace posible la emergencia de nuestras naciones como *res-publicae*, pero a partir de una guerra fratricida –no lo olvidemos– entre "todos los españoles" de cada hemisferio y entre los españoles de ambos hemisferios, catapultada por una "crisis dinástica". Emerge inevitable una realidad en cuyo desenlace la razón de la fuerza –sea la de Napoleón Bonaparte, sea la de Simón Bolívar o la del mismo Fernando VII– pone de lado nuestra más primitiva cultura de libertad y gobiernos moderados, pioneros de la democracia local.

Y no es ocioso subrayar al respecto, que 300 años de historia colonial, aún dentro de los predios del absolutismo borbónico que padecen por igual los habitantes de la península y concita la reacción constituyente de Cádiz como la de las provincias americanas, hace de nosotros, hispanoamericanos, causahabientes forzosos del patrimonio intelectual e institucional de la remota Hispania y posterior madre España.

Cádiz, esperanza y cementerio de la integración y de la ley

La hora y el tiempo en el que la censura de la Inquisición se relaja y hace posible la multiplicación de los periódicos, panfletos y escritos políticos en el Cádiz de 1812, es el mismo tiempo y la hora cuando el Precursor de la Independencia Hispanoamericana, Francisco de Miranda, hijo de canarios, el más universal de los hombres de su momento y actor destacado de las Revoluciones Americana y Francesa, se anticipa al ideario constitucional de la Cortes.

Tras su amarga experiencia, haciendo trazos a distancia dice, en 1798, tal y como lo hará luego el Divino Argüelles !Dios nos libre de principios jacobinos como de la peste! Y es que éste asume a la libertad dentro del orden, las ideas a cuyo tenor la revolución constante –incluso la retórica– divide voluntades y el acceso al poder mejor se legitima "por los medios legales y lícitos", como su catecismo de jurista y constituyente.[126]

Se trata, también, del hito histórico en el que la visión reducida y gramatical de la nación igualmente se abre espacios dentro de la Ilustración hispana en búsqueda de miras generosas y universales. Miranda, en 1808, anima la creación de la Colombia americana. La idea de la integración la hacen propia los repúblicos caraqueños de 1810 –incluso dentro del molde federal al que aspiran– al imaginar la "grande obra de la confederación americano española". Y los diputados gaditanos, desde su perspectiva, procuran "la reunión de todos los españoles de ambos hemisferios".

Es, por lo demás, la etapa de nuestras historias in comento cuando el Precursor –quien reclama el 10 de enero de 1808 alcanzar la libertad "sin anarquía y sin confusión"– topa con la traición de su subalterno, el citado Co-

---

[126] Carlos Massa Sanguinetti, "D. Agustín de Argüelles", *Semanario Pintoresco Español*, año X, 29 de junio de 845, pp. 201-203, apud. Jorge Vilchez, "La ilustración liberal", *Revista española y americana*, n. 39, www.ilustracionliberal.com

ronel Bolívar. Dado ello y antes de que sus huesos obtengan sepultura y se pierdan en La Carraca de Cádiz, escribe desde este presidio a su amigo y canciller británico Nicholas Vansittart, el 30 de junio de 1814, una vez desconocida La Pepa por el Rey, que si éste "hubiera aprobado la Constitución yo me habría considerado libre, en virtud de la garantía de la libertad personal y la fuerza de mi derecho".

Así las cosas, el olvido de nuestros próceres civiles, liberales y justos, es lo que explica, como lo creo, que en el sur del Río Grande prenda la sociología del "gendarme necesario" –sistematizada por don Laureano Vallenilla Lanz, historiador positivista venezolano, durante la primera mitad del siglo XX[127]– y es lo que determina, incluso, el sentimiento de frustración que inunda a Dionisio Inca Yupanqui, diputado peruano a las Cortes gaditanas, hacia 1824: "De modo que debo reconocer que a los que defendimos la libertad y el Texto Sublime de 1812 nos ha quedado un triste papel en la comedia de la historia de España. !Cuantas revoluciones justas se han perdido en el polvo de la historia!", son sus palabras.

En su Memorial de presidiario, víctima como Argüelles de su obra de libertad fundada en la razón moral; dando cuenta de la caída de la Primera República de Venezuela y de su capitulación ante el soldado realista Domingo de Monteverde, Miranda la juzga propicia, a pesar de su costo. Dominado por el espíritu de las luces, al que subordina su experiencia de militar, apuesta por una nueva era que "reconciliase a los americanos y europeos, para que en lo sucesivo formasen una sola familia y un sólo interés".

---

[127] Del autor, "Cesarismo democrático, 1919".

Luego de analizar la Constitución de Cádiz, el citado e ilustre escritor de la Colombeia, quien también es oficial del Ejército español, desde las bóvedas del Castillo de Puerto Cabello que lo tienen prisionero, declara en 1813 haber preferido –atendiendo al reclamo de los vecinos de Caracas– "una honrosa reconciliación a los azarosos movimientos de una guerra civil y desoladora"; a cuyo efecto y "en medio de este tropel de sucesos harto públicos –son sus palabras textuales– se promulga en Caracas la sabia y liberal Constitución que las Cortes generales sancionaron el 19 de marzo del año último: monumento tanto más glorioso y honorífico para los dignos representantes que lo dictaron, como que él iba a ser el iris de la paz, el áncora de la libertad y el primero pero importante paso que jamás había dado la metrópoli en beneficio del continente americano".

Mas al término también revela como Yupanqui, y como lo hace Argüelles una vez en el exilio, su total desencanto. Monteverde burla el tratado y a la par desconoce a La Pepa –tanto como Bolívar critica desde Cartagena la obra constituyente, liberal e ilustrada venezolana que forja la Constitución de 1811 (Constitución Federal para los Estados de Venezuela)– para hacer primar la dictadura de las casacas: "Creían los venezolanos –observa Miranda– que al abrigo y protección de este precioso escudo todo terminaría, que las prisiones se relajarían, que se restablecería el sosiego y que un nuevo orden de cosas, un sistema tan franco y liberal aseguraría perpetuamente sus vidas y propiedades".

Desde la prisión de Puerto Rico, a la que sigue y a tres meses de su famoso memorial, Miranda confiesa ante el Rey su adhesión a "la libertad civil y política de los hombres", reconoce que "los que hoy sirven a la causa de la libertad española en Venezuela, no son ciertamente hombres ilustrados en estos principios liberales", y de allí que acuse la prórroga del sistema opresivo antiguo; no obstante lo cual, se repite en su credo liberal y atribuye las culpas "del fracaso en la reconciliación de España con las Indias a los que mandan, vejan y oprimen".[128]

La historia, pues, es otra, entonces y ahora, y el desafío de su desarme y para ello la renovación del pensamiento civil de aquel momento, sigue pendiente en nuestros días. Sin la dualidad que implica el pensamiento bolivariano –Bolívar "llevara la democracia en los labios y sus sentimientos de privilegio en el pecho" observa Ramón de Basterra[129]– y siendo conscientes, como lo apunta la introducción del libro de Miguel Artola[130], que "la revolución liberal, ahora que el comunismo se ha descubierto como una vía sin salida, recupera la situación que tuviera hasta 1917".

La limitación constitucional del poder, base de la antigua y moderna democracia

Algunos juristas e historiadores enjuician las realidades constitucionales a la luz de las circunstancias que las originan o condicionan en lo inmediato. Piensan que ello es fundamental para la adecuada interpretación o hermenéu-

---

[128] William Spence Robertson, *La vida de Miranda*, Banco Industrial de Venezuela, Caracas, 1967, p. 411.

[129] *Los navíos de la Ilustración*, Ediciones de la Presidencia de la República de Venezuela, Caracas, 1954, p. 223.

[130] *Las Cortes de Cádiz*, Marcial Pons Historia, Madrid, 2003, p. 11.

tica de los textos normativos que las recogen, para impedir críticas que horaden la estabilidad de éstos, o a fin de evitar extrapolaciones atemporales; sin mengua, como es obvio, de las cláusulas de salvaguardia que permiten la reforma o enmienda constitucional a la luz de la experiencia y apuntando hacia su evolución.

En pocas palabras, cada carta constitucional es hija de su momento. "Una generación no puede sujetar a las generaciones futuras a sus leyes", reza el artículo 28 de la Declaración de los Derechos del Hombre y del Ciudadano. Lo que no implica que a la primera se le pueda transformar, si apelamos a las palabras del eminente jurista e historiador venezolano de comienzos del siglo XX, José Gil Fortoul, en el librito amarillo que se viola cada día y se modifica todos los años. La Constitución, al fin y al cabo, es asimismo la expresión de la identidad permanente de la Nación que le da forma.

Cada vez que una sociedad se ve sometida a cambios o rupturas sociales y políticas de importancia o cuando ingresa al plano de una eventual anomia, la recomposición del pacto nacional y hasta la supervivencia del espíritu de lo ciudadano exige releer y volver sobre los textos constitucionales más remotos y fundacionales. Pero ocurre –así lo muestra la cruda realidad de nuestros días– que algunos procuran el regreso del todo y de todos a las fuentes de la historia para propiciar su reescritura a conveniencia; para ajustar cuentas con el pasado; o para impedirle a la misma sociedad el aprendizaje progresivo del autogobierno. En la óptica de los más sabios y prudentes cabe volver la mirada hacia los orígenes, aquí sí, mas sólo cuando se requiere de sus enseñanzas, ora para el redescubrimiento del ser colectivo eventualmente extraviado, ora como anclaje cierto de la libertad connatural e individual que cabe reivindicar a diario.

Es ésta, justamente, la cuestión vertebral que bulle en la mente de los hombres del Cádiz de las Cortes, quienes siembran su pacto de Independencia sobre los fueros más antiguos sin descuidar la observación necesaria sobre los movimientos libertarios revolucionarios del inmediato siglo anterior. "Nada ofrece la Comisión en su proyecto que no se halle consignado del modo más auténtico y solemne en los diferentes cuerpos de la legislación española, sino que se mira como nuevo el método... más análogo al estado presente de la nación, en que el adelantamiento de la ciencia del gobierno ha introducido en Europa un sistema desconocido en los tiempos en que se publicaron los diferentes cuerpos de nuestra legislación", recuerda Argüelles.[131]

La esencia y trascendencia de la obra constituyente gaditana, a mi juicio y al margen de su infeliz e inmediato destino o del uso parcial o interesado que luego hacen de la misma quienes se sitúan en la arena de la lucha política española como partisanos o para halagar a la monarquía –tanto la traidora como la usurpadora– reside, exactamente, en que aquella es el producto de una transacción de genuina inspiración democrática, distinta de la falaz y estéril componenda entre intereses estamentales diversos, contrarios a la idea del "voto nacional" e "incompatibles...con cualquiera forma de gobierno justo y responsa-

---

[131] Agustín de Argüelles, *Discurso preliminar a la Constitución de la monarquía española*, Imprenta Nacional de Sierra y Martí, Barcelona, 1820, p. 2.

ble"¹³². Se sobrepone el ideal común que a todos les vertebra bajo un supuesto que es sustantivo a la democracia auténtica, a saber, la limitación por los ciudadanos del poder absoluto, para salvar y cuidar de sus derechos.

"La democracia consiste en poner bajo control el poder político", afirma en la actualidad Karl Popper. Y en las Cortes reunidas en la Iglesia de San Felipe Neri, sede constituyente e ícono de la libertad de las Españas, desde antes y en el decir de Argüelles se habla de "monarquía representativa" y del fin de "la abominable doctrina de la servidumbre de la nación"¹³³.

En Cádiz, así las cosas, se forja un verdadero y moderno orden constitucional. Llega fundado, es cierto, sobre la vieja constitución primitiva española, que alude mejor a sus usos y costumbres, a sus fueros, a sus leyes fundamentales y que, como lo explica Argüelles en su Discurso preliminar a La Pepa, están contenidas "en el Fuero Juzgo, las Partidas, Fuero Viejo, Fuero Real, Ordenamiento de Alcalá, Ordenamiento Real y Nueva Recopilación"¹³⁴. Éstas adquieren para lo sucesivo un orden sistemático en cuanto a sus líneas gruesas.

Pero no se trata de una simple codificación, pues la Constitución de 1812, por una parte, escarba en el pasado de España porque "fue siempre una democracia. Lo fue en

---

[132] Agustín de Argüelles, *Examen histórico de la reforma constitucional de España*, Tomo II, Imprenta de Carlos Wood e hijo, Londres, 1835, p. 62.
[133] Argüelles, *Examen histórico…, op. cit.*, Tomo I, p. 4 y Tomo II, p. 68, respectivamente.
[134] Argüelles, *Discurso preliminar…*, p. 16.

su estado de tribu; lo fue bajo el régimen municipal romano; (y) la invasión de las instituciones aristocráticas germanas no pudo destruir la anterior (y originaria) constitución... ni enraizar en ella el régimen de herencia y de casta, como lo hizo con el resto de Europa"; hasta cuando, como lo narra Oliveira Martins en su *Historia de la civilización ibérica*[135] se constata que "el alma había muerto en nosotros completamente".

Mas, por otra parte, sobre lo anterior, sus autores –de preferencia Argüelles y los otros miembros de la comisión de constitución que preside Diego Muñoz Torrero– vacían sobre el texto constitucional de 1812 lo que aprecian en estado de elaboración dentro de las revoluciones americana y francesa, a saber lo que hoy conocemos como el moderno Estado Constitucional y de Derecho: "principios de supremacía constitucional, de sujeción del ejercicio del poder a los límites de la legalidad y separación de los poderes del Estado, de unidad sistemática del Derecho, de sujeción a la ley por todos quienes integran la Nación española, de responsabilidad de los funcionarios del Estado por violación de la Constitución y las leyes, en fin, de control de la constitucionalidad mediante la acción popular"[136].

En su testimonio personal y desde el exilio, constante en su citada obra de 1835, Argüelles explica que "el estado de guerra interior que mantuvo (España) por espacio de

---

[135] Madrid, Editorial Aguilar, 1988, p. 405.
[136] Asdrúbal Aguiar, *Libertades y emancipación en las Cortes de Cádiz de 1812*, Editorial Jurídica Venezolana, Caracas, 2012, pp. 163-164.

ocho siglos, hacía degenerar el gobierno en una especie de régimen militar, que disminuía el influjo de las instituciones libres en que estaba fundado". Mas lo cierto, agrega, es que "el principio de elección libre de los reyes, y de restricciones puestas a su autoridad en la monarquía goda, se reprodujo, en los gobiernos fundados en España, apenas empezó a rescatarse la nación del dominio de los árabes...". Y en una suerte de lucha agonal entre las leyes y las armas en las que ganan las primeras declinando el siglo XV y al reunirse las coronas de Aragón y Castilla con los Reyes Católicos, sobreviene la restauración; mas por obra de un sino esta se pierde –lo explica otra vez Argüelles– al pasar la corona "á una raza extranjera...sin haber tomado ninguna precaución que asegurase la libertad contra el influjo de príncipes, nacidos y educados fuera de la nación". Ello "produjo el germen de la discordia civil... y la ignominiosa y dura esclavitud en que gimió tres siglos" España, la de los dos hemisferios[137].

La Constitución gaditana lo es propiedad y según lo indicado al principio, sobre todo y por cuanto además de plantearse por sus redactores la señalada vuelta a los orígenes, cuando España –fortalecida por su orden municipal– vive en libertad y bajo la garantía de la limitación del poder sujeto a la primacía de la ley, y observando además los movimientos revolucionarios ocurridos a finales del siglo XVIII, aquéllos no ponen de lado la circunstancia doméstica. Argüelles sabe y las Cortes lo entienden, que resulta imposible la Independencia frente al invasor sin la libertad y sin la unidad de la nación. De modo que, él y sus colegas de la comisión de constitución son conscientes

---

[137] Arguelles, *Examen histórico...*, *op. cit.*, Tomo I, pp. 24 y ss.

en cuanto a que el límite de la conciliación y la diversidad social –y así lo aceptan, finalmente, los distintos diputados a las Cortes– es el final de los privilegios, junto a la apertura de la igualdad de derechos para todos los españoles y el acceso de todos, sin discriminación, a las funciones del Estado.[138]

Junto con cumplir las exigencias –legitimadoras, políticas, económicas y sociales, y transformadoras– que la teoría constitucional demanda de toda constitución moderna[139], La Pepa, inevitablemente, sin ser –lo precisa Argüelles– "un acto superfluo y arbitrario de las Cortes", es, eso sí, "arma, que no podía menos de emplearse contra un conquistador –Napoleón– tan sagaz como atrevido, que también la usaba para someter a la nación"[140] con su texto farsa de Bayona, otorgada en territorio francés por José Bonaparte bajo el nombre de Acta Constitucional de España y que repite el modelo de estado constitucional absolutista.

Una constitución y su control, para los derechos y la propiedad

La Constitución Política de la Monarquía Española es, sin lugar a dudas, por lo dicho, la primera constitución escrita de España "y está considerada técnicamente como uno de los mejores modelos del constitucionalismo occi-

---

[138] *Ibídem*, Tomo II, pp. 62 y ss.
[139] Antonio Moliner Prada, "Liberalismo y democracia en la España del siglo XIX", *Revista de historia Jerónimo Zurita*, Zaragoza, 2010, 85, p. 169.
[140] Argüelles, *Examen histórico...*, *op. cit.*, Tomo I, pp. 1-2.

dental", como lo recuerda Moliner Prada[141]. Alcanza conciliar ella –cabe reiterarlo– las distintas visiones de unas Cortes integradas de un modo plural y balanceadas, divididas al caso proporcionalmente entre eclesiásticos, nobles, y profesionales liberales, y contándose dentro de los 184 diputados que adoptan el texto de 1812 unos 70 juristas y cerca de 16 catedráticos. Se trata de una asamblea ilustrada, no cabe duda. Y dentro de ésta, por lo mismo, se advierte, por una parte, una tendencia jurídica realista, que apunta a la idea de una soberanía compartida entre el Rey y las Cortes, dentro de la idea pactista y escolástica de la *translatio imperii*, que sitúa la titularidad originaria de aquélla en la nación reunida; otra tendencia netamente liberal, que habla de soberanía nacional y división de poderes; finalmente, la visión o tendencia americana, que entre la primera –inspirada en el modelo constitucional británico– y la segunda –alineada con el modelo francés de 1789 y 1791– le preocupaba más el autogobierno de las provincias y la representación proporcional de la población como base de la organización política deliberativa y normativa, a cuyo efecto ve más adecuado el modelo federal norteamericano.

Sea lo que fuere, la Constitución de 1812, a la par de dibujar el Estado de Derecho, le fija al orden constitucional naciente una teleología, en línea con la idea muy contemporánea de la democracia de realizaciones, residente en el ciudadano y obligante para los poderes del Estado. En efecto, al fundarse como texto sobre la idea de la soberanía de la Nación y en procura de su carácter garantista de los derechos, la misma Constitución declara ser su ob-

---

[141] *Cit.*, pp. 172 y ss.

jeto conservar y proteger "la libertad civil, la propiedad y los demás derechos legítimos de todos los individuos" (artículo 4); con lo cual la idea despersonalizada y colectiva de la nación, a quien pertenece y en quien reside la misma soberanía, se descomprime y adquiere concreción en todos y cada uno de los españoles de ambos hemisferios. En este sentido, el Estado de Derecho gaditano adquiere su dimensión social concreta, al señalar como propósito que asegura La Pepa "el bien de toda la nación" (Preámbulo) y como obligación normativa del gobierno "procurar el bienestar de los individuos que la componen" (artículo 13).

En este último aspecto cabe resaltar, a manera de ejemplos, que las Cortes mediante –en una técnica distinta a la del constitucionalismo americano y francés– reconoce y garantiza derechos mediante decretos separados, precedentes y subsiguientes al mismo texto constitucional, como los que prohíben las vejaciones a los Indios primitivos: "la cruzada en favor del indígena fue una de las páginas brillantes del Experimento de Cádiz", recuerda Mario Rodríguez[142]; los que aseguran la igualdad de representación en las Cortes, la libre industria, el acceso sin discriminaciones de origen o clase a los empleos, la abolición de la tortura y de los apremios, o los que determinan la prohibición de otras prácticas aflictivas.

Lo que es más importante, en su perspectiva constructora de un Estado social, al considerar las Cortes que la propiedad –la posesión de renta de bienes propios– es circunstancia que hipoteca, limita o condiciona el ejercicio

---

[142] Mario Rodríguez, *El experimento de Cádiz en Centroamérica: 1808-1826*, FCE, México, 1984.

de la ciudadanía, lo hace a objeto de darle a ésta su plenitud y no, como se cree, para favorecer el dominio político de una clase propietaria con detrimento de las mayorías. No obstante, para los fines electorales inmediatos, en lo particular de la elección de diputados a las Cortes, las mismas establecen al respecto una moratoria.

Las razones que a la sazón explica Argüelles, para justificar todo lo anterior, son dos y bastante ilustrativas del criterio de las Cortes en la cuestión: La acumulación de las propiedades territoriales en cabeza de instituciones de manos muertas, la restricción de la aplicación de capitales y conocimientos a la industria individual, y la falta de libertad para el ejercicio de las facultades intelectuales, representan rémoras o causas que impiden que las cosas se encuentren dentro del cauce natural y reclaman de tiempo para reordenarse. De donde agrega, para reforzar lo anterior, que el aprecio y el respeto público para la elección, en todo caso, resultan más compatibles con "la organización y forma que adquiere cada día la sociedad en el mundo civilizado", son sus palabras.[143]

La propiedad, cabe insistir, queda situada como uno de los derechos fundamentales que, junto a la libertad, debe tutelar el orden constitucional naciente. El debate que se suscita entonces queda orientado a la reinvindicación de la idea de la propiedad individual, con mengua de la corporativa. De donde vale el sentido pionero y genuino que alcanza la idea sobre la reforma agraria en 1812 y que apenas conoce y desarrolla, como cuestión central, el constitucionalismo social hispanoamericano durante el siglo XX.

---

[143] Argüelles, *Examen histórico...*, *op. cit.*, Tomo II, p. 78.

Refiere Rodríguez, al respecto, que al debatirse la posible repartición de los ejidos indígenas –objeto del abuso y explotación por oficiales reales y caciques de pueblo– y mediante la titulación de las propiedades individuales, dado lo arraigado del sistema, siguiendo las orientaciones del Padre Larrazábal –diputado centroamericano a las Cortes– se ordena como alternativa el parcelamiento individual de las tierras baldías y realengas; y en cuanto a la disposición de las tierras así obtenidas por los indígenas del gobierno y su libre disposición, los diputados a las Cortes arguyen la necesidad de pasar leyes que eviten la venta de propiedades indígenas a grandes corporaciones. Y Argüelles –al repetirse en su defensa del derecho del indígena a disponer libremente de su propiedad– ajusta que de nada vale la concesión de tierras sin un financiamiento para su trabajo. Así nacen, bajo instrucción de la regencia dirigida a los ayuntamientos y gobiernos provinciales, las cajas de comunidad, suerte anticipada de los modernos bancos agrícolas.[144]

En síntesis, dentro de su particular circunstancia histórica, las Cortes de Cádiz procuran una visión compartida sobre los distintos estándares que en la actualidad fundan al llamado Estado democrático de Derecho que surge de elecciones, pero adquiere legitimidad con su desempeño. Al efecto, la Constitución sancionada por éstas dispone la garantía del respeto a los derechos humanos –libertad y propiedad, entre otros– y la tutela del debido proceso (artículos 4 y 287 y ss.), la celebración de elecciones (desarrolladas por el Título III), la citada sujeción del gobierno al Estado de Derecho y el principio de su responsabilidad

---

[144] Rodríguez, *El experimento de Cádiz...*, *op. cit.*, pp. 119-120.

(artículos 131, cláusula vigésima quinta y 226); la sujeción parlamentaria a la legalidad constitucional y la de los jueces a ésta y a la ley propia (artículos 100, 117 y 279); la irresponsabilidad parlamentaria por opiniones e inmunidad (artículo 128); la citada separación de los poderes públicos (artículos 15, 16 y 17); y como columna vertebral de todo lo anterior la libertad de expresión política y de prensa (artículos 131, cláusula vigésima cuarta y 371), base de la educación e ilustración.

El anclaje de la experiencia democrática que alcanza a forjarse por las Cortes de Cádiz dentro del odre de una suerte de monarquía parlamentaria o constitucional limitada, lo fijan aquéllas en las disposiciones –una constante en la Constitución y otra en uno de sus decretos[145]– que consagran, de un modo pionero como sucesivo, el control concentrado de constitucionalidad por las Cortes, y el control difuso de constitucionalidad, en manos de los jueces, quienes al efecto "preferirán a todo otro asunto los relativos a la infracción de la Constitución política de la Monarquía" que han de ser "determinados con la mayor prontitud"[146]. Ello se realiza, como mejor garantía de la perspectiva democrática de la Constitución y de su función protectora de los derechos de la nación y de los españoles, mediante la consagración del derecho de petición o representación (artículo 373 en su relación con el artículo 372), que es extendido, como deber de información de las infracciones constitucionales, a las Diputaciones provinciales (artículo 335, inciso 9).

---

[145] Decreto CCX de 28 de noviembre de 1812.
[146] Aguiar, *op. cit.*, p. 173.

Arguelles, liberal a secas

La redacción y el debate habido dentro de la Cortes de Cádiz acerca de La Pepa y la definición de sus partes y criterios –tanto dogmáticas como orgánicas– son el producto de una acción y la fragua de un denominador común de ideas entre diputados de distintos estamentos y perspectivas ideológicas, quienes se resisten y oponen a la invasión napoleónica desde el citado puerto extremeño.

Tras la misma se encuentra una guía intelectual y liderazgo quien, interpretando el momento histórico adecuadamente, las realidades que viven los españoles, y apelando a las leyes fundamentales o primitivas de la nación española, se muestra convencida del espíritu liberal que a todos les es común, a pesar del despotismo reinante.

Argüelles, jurista, políglota de clase media, lector de los clásicos, quien llega a trabajar para el Obispo de Barcelona y sobre todo para el canonista noble y hombre de letras Gaspar Melchor de Jovellanos, próximo a su familia, ejerce funciones cruciales dentro de la justicia española y más tarde integra la Junta Central de Sevilla. En buena lid es el "patriarca de la libertad española" y unos padres fundadores del moderno constitucionalismo hispano e hispanoamericano. Integra la Comisión de la Constitución en Cádiz y, con anterioridad, ejerce como Secretario de la Junta de Legislación en Sevilla, donde se trazan las líneas conceptuales del texto de 1812; lo cual es revelado por dicha Comisión desde su primera sesión, como consta en el acta de 2 de marzo de 1811 y a cuyo efecto se pide la colaboración de D. Antonio Ranz Romanillos, para la compulsa de dichos antecedentes.

Antes de la sanción del texto constitucional, además, Argüelles previamente defiende de un modo activo y apasionado el proyecto que da vida al Decreto sobre Libertad de Imprenta, que es el hilo conductor de la ingeniería constitucional gaditana y eje principal del tránsito español hacia la modernidad.

Acerca del decreto de marras, numerado IX y de fecha 10 de noviembre de 1810, basta destacar –para situar mejor su importancia dentro del pensamiento liberal que apuntala Argüelles– la *ratio* que consta en su preámbulo: "La facultad individual de los individuos de publicar sus pensamientos e ideas políticas es, no solo un freno a la arbitrariedad de los que gobiernan, sino también un medio de ilustrar la Nación en general, y el único camino para llevar el conocimiento de la verdadera opinión pública".

Los estudiosos de actualidad sitúan a Argüelles, por lo mismo y según lo ya indicado, dentro de la tendencia liberal que concurre a las Cortes. Contrasta con la corriente realista mencionada supra –defensora de la idea de la soberanía compartida entre el Rey y las mismas Cortes y muy crítica de la Revolución Francesa– y la que integran, por otra parte, los diputados americanos, quienes rechazan la uniformidad político-administrativa y abogan por una "monarquía cuasi-federal", como lo explica detenidamente Moliner Prada[147].

Dentro de los liberales se afirma de Arguelles ser de postura radical, al defender la idea de una soberanía que la Nación no puede abdicar y en oposición a la tesis de los moderados, entre éstos su ductor, Jovellanos, quienes se

---

[147] Del autor *op. cit.*, pp. 170 y ss.

mueven entre la noción de la soberanía compartida y la transferida al monarca, pero que puede reivindicarse ante el vacío de su autoridad; tesis, la última, que por cierto acogen como su fundamento los movimientos juntistas que arraigan en la península y en América una vez ocurre el llamado parricidio, cuando, según las palabras del mismo Argüelles, "sin que hubiese intervenido un acto de violencia y coacción que los obligase, acudieron a una ciudad de un reino extraño –el monarca, su heredero, diputaciones de la nobleza y del clero– (y) reunidos en ella consintieron, autorizaron, y, del modo que pudieron, consumaron la entrega de su patria en manos de un extranjero"[148].

¿Es acaso Argüelles un radical y, como a buen seguro arguyen en su época sus detractores, un jacobino al que hubiese que temer –como aquéllos sobre los que previene Miranda a los americanos– o es un republicano, amenaza que preocupa a los diputados realistas dentro de las Cortes?

El discurso preliminar a la Constitución de 1812, que redacta y lee Argüelles ante las Cortes, y para cuya elaboración recibe el apoyo y asistencia del diputado catalán José de Espiga y Gadea, clérigo liberal de orientación regalista y jansenista, más tarde presidente de las Cortes durante el Trienio Liberal (1820-1823) y Arzobispo de Sevilla desconocido por Roma, es, a buen seguro, el mejor mentís a su radicalismo.

Cada propuesta constitucional, tal y como lo explica más tarde el ilustre diputado doceañista y se señala antes, es hija de usos y costumbres cuya autoridad se reivindica,

---

[148] Argüelles, Examen histórico, *op. cit.*, Tomo II, pp. 61 y ss.

pero morigerados a la luz de las exigencias propias del movimiento independentista y sin desconocer los avances que muestra el Derecho político de la época. Es La Pepa una cuidadosa obra racional y de transacción histórica, muy pragmática. No es la resultante de un asambleísmo desbordado y pugnaz o ideologizado, al punto que, como lo confiesa Argüelles, "las Cortes, al confiarle tan delicado encargo (a la comisión de constitución que él integra) no le señalaron el camino que debía seguir en sus tareas"; no obstante, una vez realizada ella "los fundamentos de su plan no hallaron oposición, sino en una muy pequeña minoría".[149]

Incluso así, sin mengua de la revista y arrastre que se hace de los citados usos y costumbres para la reconstitución de España, mal cabe afirmar que media una suerte de neta transacción liberal con el *Ancien Régime*, a la manera en que lo intentan los revolucionarios franceses de 1789 y 1791. Se da una labor constituyente ex novo, como lo creo y dado que Argüelles confiesa, además, que "la comisión, aunque lo hubiera deseado, no era arbitra de restablecer lo que la insurrección había aniquilado en sus fundamentos". Todo el orden existente "había perecido en la convulsión del mes de junio de 1808", a cuyo efecto apenas resta la memoria de "la antigua planta de la monarquía". Y ella significa, una autoridad real sujeta a restricciones, Cortes convocadas para todos los negocios graves y autora de las leyes, jueces responsables sujetos a la autoridad de éstas, y administración de los pueblos y provincias "confiados á sus ayuntamientos como en su origen, y según la índole natural y primitiva que tuvieron", es decir, electivos me-

---

[149] *Ídem.*, Tomo II, pp. 61 y 95.

diante el voto popular. El citado "juntismo", por lo mismo y como fenómeno espontáneo que fue, no es otra cosa que una vuelta a "la forma popular de administración y gobierno" hecho hábito desde la antigüedad y a partir de la cual ha lugar a la transmisión del poder a esa primera magistratura que lo concentra y conserva en procura de la unidad de la nación.

De modo que, el ideario liberal gaditano, a la luz de dichos predicados se resume en el voto nacional como fundamento legitimador de un orden jurídico moderado que a su vez sustenta a la monarquía histórica, ajena al absolutismo. Pero no se trata de dogmas, según lo indicado. Independencia, libertad e integridad de la nación son desiderata.

En lo formal y sustantivo, la innovación reside en el dictado de un único texto, un acta constitucional que va más allá del sistema de codificación de leyes y usos conocido, y recoge los "principios fundamentales' que aseguran las libertades históricas y ordena los poderes que han de garantizarlas; lo que es consistente con el novísimo constitucionalismo revolucionario francés y el artículo 16 de la Declaración de los derechos del hombre y del ciudadano de 1789. La Pepa, en su artículo 4, predica bien como obligación de la Nación –cabe repetirlo nuevamente– proteger mediante "leyes sabias y justas la libertad civil, la propiedad, y los demás derechos legítimos de los individuos que la componen", y el Decreto I de las Cortes es preciso al señalar lo inconveniente de que "queden reunidos el Poder legislativo, el ejecutivo y el judiciario".

Lo propio y constante, según lo describe Argüelles, es el restablecimiento del "estado político de la sociedad", por una parte y, por la otra, el restablecimiento del "estado civil de los ciudadanos". Y en cuanto a lo primero se fija en ella "el origen de la autoridad suprema en España" –es la reivindicación de la *res-publicae* en su significado originario, sin predicar a la república como forma de gobierno– y, con vistas a lo segundo se vuelve a la exigencia primitiva, a cuyo tenor todos los españoles son "admitidos sin distinción de clase ni fuero a los empleos y cargos del Estado".

!Y es que Argüelles –cabe decirlo con énfasis– se encuentra persuadido de que lo anterior, sin perjuicio de su savia, es esencial a fin de asegurar "el principio de unidad que tanto importaba consolidar en lo sucesivo", sobre todo ante la urgencia de remover obstáculos –pretensiones parciales, intereses opuestos, privilegios feudales, inmunidades y fueros eclesiásticos– y fijar contrapesos y equilibrios entre las clases a objeto de "salir triunfante (España) en su arriesgada empresa" de Independencia; la cual implica no solo derrotar a Napoleón sino también evitar el influjo del régimen que había establecido en su imperio y de la propia revolución francesa.

Tanto es así que, en cuanto a la transacción sobre el tema religioso –que en el fondo y desde el principio se admite como error grave pero inevitable– y al declararse en el artículo 12 a la religión católica como única y nacional, las Cortes la aceptan, según lo explica Argüelles, en obsequio de la paz y armonía y a la espera de reformas graduales, sobre todo por entenderla –en la coyuntura– como el factor más determinante de la reclamada unidad cultural y espiritual de los españoles en plena guerra por la libertad. No se renuncia, pues, al espíritu laico dominante en las mismas.

Esa unidad nacional considerada tan esencial, también se refleja en el "unicameralismo" por el que se opta, para evitar que las clases refractarias entren a las Cortes armadas como en el pasado de un veto absoluto, sin el freno de la elección y la responsabilidad que ante los ciudadanos plantea el acceso a cada diputación. Aun así, por atada a su modelo de representación democrática de la Nación y por ajena a la oclocracia o al jacobinismo, léase al "gobierno de las masas", las Cortes fijan por vía constitucional y como contrapeso, ante el dictado y espera de la sanción real de las leyes, la figura del Consejo de Estado.

A la luz de lo anterior, a saber, de los principios de unidad y soberanía nacional, separación de poderes, respeto y acatamiento tanto por los ciudadanos como por los titulares de los poderes públicos –entre éstos el monarca– de la ley, que es obra de la misma soberanía reunida en Cortes, y la finalidad de las leyes y objeto de la Justicia, como lo es la protección de derechos y la exigencia de responsabilidades por su violación, las Cortes de Cádiz y el ideario de su comisión constitucional logran hacer de la incada tutela de derechos el sustrato de ese modelo híbrido e inédito que afirmado sobre una indiscutible base democrática forja la coexistencia entre la *res-publicae* y la monarquía primitiva de España.

Agustín de Argüelles es parco y sinóptico al decir, luego de precisar que en lo adelante el Rey adquiere independencia y estabilidad, tanto como se le asegura inviolabilidad y declara exento de responsabilidad, que la Constitución lo que si hace es blindar a la monarquía de la degeneración de su poder "en absoluto y arbitrario". Y al efecto, conforme a la Constitución cuenta con "atributos y prerrogativas que pueden ser necesarios para gobernar en paz y en justicia…".

Sea lo que fuere, lo que sí es vertebral a La Pepa, de allí su carácter liberal, son los principios de soberanía nacional, de la citada separación de los poderes, y como el elemento de ruptura o para fijarle su teleología a la idea jurídica y abstracta de la nación –que la doctrina advierte equivocadamente como preocupación preferente del orden constitucional naciente, que en principio soslaya al individuo– fija como derecho transversal al texto la citada libertad de imprenta: "Todos los españoles tienen libertad de escribir, imprimir y publicar sus ideas políticas sin necesidad de licencia", reza el artículo 371, desarrollado desde antes de aprobarse la Constitución por el ya mencionado Decreto IX.

El fin de la censura y de los tribunales de imprenta y la Inquisición son los que, al fin y al cabo, determinan el paso conclusivo desde el absolutismo hacia la libertad, asegurándose la pluralidad de las ideas y la formación de la opinión que demanda el ejercicio libre del voto nacional y el desempeño de la representación en las Cortes.

Queda en cuestión no obstante y para una mejor valoración del pensamiento de Argüelles, liberal a secas, el asunto crucial de la soberanía nacional "fundamento del sistema político de Cádiz y origen del régimen liberal".

El sello indeleble de la escolástica

La Nación deja de ser en Cádiz, como cabe observarlo, el *nascere* o pertenencia a un pueblo, para derivar en un concepto jurídico político. Expresa al cuerpo de los ciudadanos, su igualdad –la de todos– ante la ley, y su unidad en la lengua y la cultura. Y en ella, compuesta de la "reunión de todos los españoles de ambos hemisferios" (artículo 1), que "no es ni puede ser patrimonio de ninguna familia ni persona" (artículo 2), "reside esencialmente la soberanía" (artículo 3). De allí que, a la Nación, representada en las Cortes, corresponde el derecho de establecer sus leyes y al monarca, dentro de sus atribuciones, proponerlas y sancionarlas, y vetarlas sólo con efectos de moratoria y reconsideración; ello, a un punto tal que, si en Cortes sucesivas y por tercera vez éstas admiten y aprueban el proyecto vetado, no podrá negarlo el Rey, a tenor del artículo 149 constitucional.

A la luz de las reflexiones que ocupan estos párrafos, sean cuales fueren los usos y costumbres que signan las libertades primitivas españolas urgidas de su reivindicación y más allá de las incidencias de los experimentos revolucionarios de finales del siglo XVIII o las realidades que impone la misma lucha de la Independencia en España, que a la vez catapultan las Independencias hispanoamericanas, el modelo gaditano es conceptualmente tributario de las ideas escolásticas. Y ello no abona a favor de la corriente realista con mengua del movimiento liberal que representa Argüelles; por lo que en ello reside, justamente, la especificidad y el carácter propios de la Constitución de 1812 dentro del movimiento constitucional moderno.

Aún dentro de la complejidad que reviste la cuestión o la afirmación dicha, reconociendo lo problemático de la relación entre el liberalismo y la escolástica como discursos particulares y temporales –lo advierte bien Luis Carlos Amezúa Amezúa– se reconocen las aportaciones que ésta, la escolástica castellana o escolástica tardía, hace a las ideas liberales sin confundirse exactamente con ellas. Sus planteamientos, en efecto, según el citado profesor de Valladolid, "podrían ser interpretados como un impulso fundamental para entender lo que vino después" y admite que hoy, no obstante, cobra "carta de naturaleza la opinión de que el moderno constitucionalismo y la representación de la legitimidad de la convivencia política hunden sus raíces en las aportaciones doctrinales de la escolástica"[150] (Del autor citado, "Liberalismo y escolasticismo, una relación problemática", s/f)

La idea de que la comunidad popular –la llamada Nación por los asambleístas franceses y luego por los diputados gaditanos– es la titular primaria del poder político, por ende, de la experiencia democrática, es en efecto muy antigua. Consta en los textos griegos y en el Derecho romano. La escolástica entiende, hacia el siglo XIII, que el fundamento del poder público es el denominado *pactum subietionis*, es decir, la sumisión voluntaria y contractual de la comunidad a la persona o personas que ejercen el poder y sus desacuerdos, que ocurren en el Cádiz de las Cortes, tienen que ver más con los efectos de ese pacto. Pero todos a uno recogen y reconocen, como denominador común, los principios políticos medievales que la misma escolástica hace suyos, a saber y según lo enseña Recaséns Siches: "a) soberanía popular originaria; b) que sólo mediante un contrato político, expreso o tácito, puede transmitirse el ejercicio del poder público a otra persona; c) que cuando el contrato caduque la comunidad recobra su pleno derecho de imperio; d) que el pueblo tiene el derecho de resistencia pasiva y activa o rebelión contra el príncipe tiránico; e) que el pueblo es sujeto capaz de derecho y acción; f) que entre el príncipe y la comunidad po-

---

[150] Luis Carlos Amezúa A., "Liberalismo y escolasticismo, una relación problemática", s/f)

pular se da una relación jurídica bilateral con derechos y deberes de ambas partes".[151]

Guillermo de Occam (1280-1347) entiende, según las ideas que acoge con nitidez el pensamiento de Argüelles, que en cualquier forma de gobierno el pueblo siempre es el soberano y que la comunidad conserva un poder legislativo sobre el monarca y un control permanente sobre el ejercicio del poder público".

"En lugar de una pura democracia –que Tomás de Aquino identifica al hablar de comunidades libres que se dan a sí mismas las leyes– hallaron (los sectores de la opinión pública en el proyecto de constitución) la monarquía de Castilla y Aragón, restauradas por una ley fundamental...", comenta Argüelles. Pero, al fin y al cabo, monarquía limitada conforme al pensamiento tomista, que considera al sistema mixto donde "el poder regio se halle ligado en parte a la cooperación de otros órganos" como el más conveniente: Gerentes *vicen totius multitudines*, es decir, administradores del derecho del pueblo, léase de la Nación como ente moral autónomo cuyo fin es el bien común, es lo que son, efectivamente, los gobernantes, llámense monarcas, jefes de estado o jefes de gobierno. Este es el corolario que hoy importa.

Juntas numerosas, conocidas como Cortes, resuelven –agrega Argüelles– sobre las leyes y negocios graves, y cuerpos llamados Concejos, o Ayuntamientos, asumen el gobierno interior de los pueblos y los integran vecinos

---

[151] Luis Recaséns Siches, "Historia de las doctrinas sobre el contrato social", *Revista de la Escuela Nacional de Jurisprudencia*, n. 12, Tomo III, Octubre-diciembre de 1941.

cabezas de familia. Es, si cabe una reflexión final, el orden sano que ajeno a los extremismos y fundado en los equilibrios, permite la gestación de la idea de la democracia y su fundamento; que obliga a todos y cada uno de los miembros del cuerpo social "–como reza La Pepa– a ser "justos y benéficos". Es, en fin, con sus variantes formales, el mismo orden que se dan las naciones de Hispanoamérica al apenas alcanzar sus Independencias y que luego prosternan las espadas, tachándolo como "repúblicas aéreas". Es el orden que tiene a "filósofos por jefes, filantropía por legislación, dialéctica por táctica, y sofistas por soldados", según lo entiende Bolívar desde Cartagena, en 1812. Pero es la diatriba que se prorroga en el siglo que entonces corre y luego abraza al siglo XX hispanoamericano, representada en el cruce de palabras que sostienen el presidente civil y sabio venezolano, José María Vargas, con el General Pedro Carujo, prócer de la Independencia: "El mundo es de los valientes", le dice éste al gobernante una vez como lo arresta en un día de junio de 1835, a lo que Vargas responde categórico, "No, el mundo es del hombre justo; es el hombre de bien, y no el valiente, el que siempre ha vivido y vivirá sobre la tierra y seguro sobre su conciencia".

El movimiento constitucional de nuestro tiempo, en lo particular el que ocurre en no pocas "repúblicas" de América del Sur –y aquí concluyo– reclama como en Cádiz de una vuelta a los orígenes. Cabe depurarlos de los mismos espejismos que intenta vender en su hora Napoleón Bonaparte, con su Estatuto de Bayona, redentor del absolutismo. Urge reconciliarlos con la idea de una democracia de ciudadanos, nada ajena a nuestros orígenes remotos y muy proclive, sí, a la idea necesaria de una república que se hace representar por impedirle su versión tumultuaria "dictar leyes, dirimir pleitos y castigar a los transgresores". Pero república que, dentro de la perspectiva renovada de la escolástica liberal, si cabe como síntesis y teniendo como referente a Francisco de Vitoria, hace valer su autoridad y decisiones sobre el principio de las mayorías, inherente a la democracia cabal, donde las mismas mayorías encuentran como límite a la democracia y a la intangibilidad de los derechos de las personas. Ese es nuestro desafío.

ÍNDICE

NOTA PRELIMINAR 9

PRÓLOGO: MANUEL BUSTOS RODRÍGUEZ 15

I
LOS ORÍGENES DEL PENSAMIENTO CONSTITUCIONAL VENEZOLANO, EN LAS INVESTIGACIONES DE PEDRO GRASES

EL SIGLO XVIII 24

PRE-INDEPENDENCIA Y EMANCIPACIÓN 37

LA TRADICIÓN HUMANISTA 54

    A. *El licurgo venezolano* 56

    B. *El teorizador católico* 61

    C. *El primer humanista de América* 62

    D. *El precursor de la emancipación* 63

        (1) *Los proyectos constitucionales* 64

        (2) *La carta a los españoles americanos* 69

II
EL PENSAMIENTO CONSTITUCIONAL DE VENEZUELA Y EL FACSÍMIL DE LA CONSTITUCIÓN DE 1811

ENTRE LAS LUCES Y LAS SOMBRAS 91

    A. *Somos federales, desde antes* 97

    B. *Somos demócratas e hispanos, desde los orígenes* 102

LA CONSTITUCIÓN FEDERAL PARA LOS ESTADOS DE VENEZUELA 110

    A. *Los principios compartidos* 112

    B. *Los contenidos normativos* 114

    C. *La diatriba de Miranda* 117

LO PROPIO DE NUESTRA ILUSTRACIÓN 122

    A. *Sobre el pacto constituyente y la representación popular* 126

    B. *Uti possidetis iuris* 131

    C. *Imparcialidad de los jueces* 133

    D. *Transparencia y rendición de cuentas* 134

    E. *Unidad democrática federal* 135

    F. *Democracia y derechos del hombre* 136

    G. *Proscripción de la tortura* 138

    H. *Derogación de la infamia trascendente* 139

    I. *Indultos* 140

    J. *La independencia de poderes y el control de constitucionalidad y legalidad* 141

K. *Control democrático de la opinión pública*.. 147

BREVÍSIMO EPÍLOGO 149

III
RELECTURA DE LA CONSTITUCIÓN DE CÁDIZ DE 1812: EL IDEARIO LIBERAL DE AGUSTÍN DE ARGÜELLES

El olvido de nuestros padres fundadores 153

Cádiz, esperanza y cementerio de la integración y de la ley 156

La limitación constitucional del poder, base de la antigua y moderna democracia 160

Una constitución y su control, para los derechos y la propiedad 166

Arguelles, liberal a secas 172

El sello indeleble de la escolástica 179

Verba volant, scripta manent

www.ingramcontent.com/pod-product-compliance
Lightning Source LLC
Chambersburg PA
CBHW021810220426
43662CB00006B/259